紫微新語

紫微楊 著

www.cosmosbooks.com.hk

書　　名　紫微新語

作　　者　紫微楊

責任編輯　郭坤輝

美術編輯　楊曉林

出　　版　天地圖書有限公司
香港皇后大道東109-115號
智群商業中心15字樓（總寫字樓）
電話：2528 3671 傳真：2865 2609
香港灣仔莊士敦道30號地庫／1樓（門市部）
電話：2865 0708 傳真：2861 1541

印　　刷　美雅印刷製本有限公司
香港九龍觀塘榮業街 6 號海濱工業大廈4字樓A室
電話：2342 0109　傳真：2790 3614

發　　行　香港聯合書刊物流有限公司
香港新界大埔汀麗路36號中華商務印刷大廈3字樓
電話：2150 2100 傳真：2407 3062

出版日期　2019年11月／初版．香港

ISBN ： 978-988-8548-41-5

心古不投塵世好　道高方信布衣尊

紫微楊近照，其身旁之對聯為已故國學大師饒宗頤教授所書贈紫微楊者。

作者簡介

楊君澤先生，人稱「紫微楊」，精通多門中國術數，對「紫微斗數」及風水學均別具心得，「紫微楊」之名早已不脛而走。在香港喜研術數者，幾乎無人不識。

楊君本身為一名報人，曾任本港多間報社編輯（包括《明報》編輯主任），以研究術數為業餘興趣。他退休經已三十年，年近九十耄耋之年，仍閉門沉醉於研究術數為樂事。

紫微楊共有九部著作，其早期的八本已合而成為「紫微楊·術數系列」，極為暢銷。現再在晚年重新修訂他的九本著作，將合而成為新的「紫微楊·術數系列」，由天地圖書重新出版，堪稱難得之作。

自序

《紫微新語》是我繼《紫微閒話》、《術數述異》、《清室氣數錄》、《天網搜奇錄》之後第五部結集成書的著作。

這部《紫微新語》的初版至今已達三十年，多少可視作《紫微閒話》的續篇。因為《紫微閒話》出版之後，頗受歡迎，當時更掀起一股紫微斗數的熱潮，不少朋友及讀者因此而敦促我續寫多點如《紫微閒話》的文章，結果我就真的再用寫《紫微閒話》的方式再寫了這部《紫微新語》。

本書初版不久即告斷版，隨後於二〇〇七年再度重新修訂出版，但到近年又再斷版，在市面書局中都無法買到！

結果在去年底，獲得「天地圖書」的青睞，力邀我把過去所有舊作重新修訂讓他們出版，此番好意，自當銘記於心。

此書的書名，仍沿用已故家兄楊善深在初版時的題字，這已早成為我所有著作特徵之一，同時亦希望讀者喜歡。

紫微楊 謹識
己亥仲夏吉日

目錄

第二章：命理玄機

第三章：處世之道

第四章：科學哲理

第一章

術數知識

法術與風水

早前到一位新相識的朋友家中作客，見其家中的一個角落吊有水晶球，在車房裏又掛有幾枝竹簾，心感有異，但又不便詢問真相。

飯後，一位朋友靜悄悄的對我說，這位朋友的住宅，是曾請某「大師」看過風水的，並問我有何意見和那位「大師」是屬於哪一派的。

這時我才明白過來，水晶球與竹簾原來是「大師」的傑作。

記得不久前，也見過一位朋友的住宅，在入門處掛有葫蘆，據說是一位業鐵板神數者所教的。

在香港，風水的派別似乎特別多，不少朋友也曾問過我這個問題，有人甚至詢問哪一個門派較好。

其實，風水不外乎玄空與八宅，都有一定的法則，解拆的方法很多時都有五行或卦的根據。舉例來說，我見過一位玄空高手解拆三九之法，使用四綠，其意即在四九同途，再加上震卦會巽卦，是為長男配長女，確有巧奪天工之妙。其中即關係及五行、河洛數與卦，都可以解釋的。

但前述二者，則應是完全脫離了玄空與八宅的範疇，是否也算是風水學呢？

在我個人的意見則認為，那位「大師」在某方面享有盛名，可能有他的一套，只是他的「水晶球」與「竹簫」，應列入「法術」的範疇！而且，不少人相信那位「大師」確有法術。

但縱使他的法術極度靈驗，能扭轉乾坤，那仍是法術，大家把它看作是風水學應該是錯的，因為風水能夠為「學」，本身是有它的一套理論根據的。

術數是否有積極的意義？

術數是否只有導人迷信，並無其他積極性的意義？答案應該是否定的。

我就曾親眼見過在一九六五年銀行大風潮時，有人生意失敗幾乎想自盡，幸而有懂術數的人極力勸他，指出他將來還有機會可東山再起、收復失地。結果，他打消了自殺的念頭，捱過了一段極苦的日子，到今日，終於給他在自己的行業上爭回一席地位。

早年，有一位女士，因為婚姻失敗，萬念俱灰，只要你見到她那種頹唐的心態，也會動起憐惜之心。如果說她在那個時候已經是個徘徊在自毀邊緣的人，一點也沒有誇張。結果，也因為一位懂術數的朋友，對她作多方面的規勸。漸漸，她終於振作起來。如今，生活得很愉快。

一個人最重要的是抱有希望，要使失望中的人感到未來仍有希望，他就決不會頹廢和自毀。在上述的兩個例子中，懂術數的朋友所作的規勸不過是「失去的雖然可惜，但未來的日子會更幸福和更光彩」。就這樣，把一個在自毀邊緣的人拉回來，使他重新積極的做人。

鑽研術數的人都相信因果，也講究積德。而救人一命，是否真的勝造七級浮屠、姑且不論，但術數有其積極意義的一面，那是可以肯定的。

斗數玄空看白蟻

早前與幾位朋友晚飯，席間有人談起新界某山頭的多間別墅形式的屋宇，都發現有白蟻。其中一位住在那裏的朋友，也證實有其事，而且聘請專家在治理中。一位朋友馬上問我，在「紫微斗數」或風水中，是否可以看到一個人的家宅會出現白蟻等事。

這位朋友確實懂得把握機會和打蛇隨棍上。

白蟻這東西，過去對建築物是一項為害很大的害蟲，特別是以木材為主要建築原料的時代。但到現在，一般以三合土建成的建築物，發現白蟻的機會已極小。但卻不是完全沒有。

在紫微斗數中有一顆丙級星稱為「蜚廉」的，守命宮時易招忌和遭人造謠詆譭等事情，但守田宅宮則據說會出現白蟻，在過去可能甚驗，但放在今日的香港，則未必驗矣，理由已如前述。

至於在風水上又如何呢？過去一般有經驗和鑽研玄空學的風水師，則有「寅甲風招白蟻」之說。

那是說須看山頭來風之處，如山頭有缺口，剛在寅甲之位，也是說在艮宮與震宮之間，風從哪裏吹來，則該處的建築物易招白蟻。

而無巧不成話，新界某山頭發現白蟻的多間別墅，剛巧就是遇到「寅甲風」者。至於住在那裏的人的星盤是否同時是「蜚廉」守田宅宮，則因我沒看過他們的星盤，不得而知。

但玄空之驗，確實奇怪，也使人百思不得其解！

太年輕不宜學術數

曾有兩位年紀只有十七歲的讀者寫信和打電話給我，說要隨我學紫微斗數。

又有一位同事，介紹了一位他朋友的兒子來見我，年齡也是在十七、八歲間者，也是說要隨我學紫微斗數。

另有一位也是很年輕的讀者，來信說他們四位同學科款買了份紫微斗數的講義，但仍是一知半解，希望我能教他們。

這一系列的事件，使我心神不屬了一段很長的時間，亦感到有點不開心。

主要原因是我覺得上述幾位朋友，太早的對術數着迷了。

可能我掌握到的術數並非家傳，同時自己並非以之為職業，所以，我很不贊成上述的朋友這樣年輕就去學術數。

以上述幾位朋友的年齡而言，應該還是中學生，在這段期間去學術數，很易荒廢學業，所以我認為極不適當。

雖然我一再苦口婆心的去勸他們以學業為重，待學業有成之後，如果對術數真的感到興趣，那個時候再去鑽研也不遲。但他們是鍥而不捨，一再求我收他們為徒，教他們斗數。

最後，我只得坦白的對他們說，由於他們實在太年輕，我是無論如何也不贊成他們學術數的，除非他們學業有成後再來找我，我或者會考慮。

學術數亦多關口

已故好友林洵先生曾在他的專欄上說，我國著名軍事學家蔣百里先生，當年送他的兩個女兒往柏林習音樂時，誡其女兒說：「學習音樂到了一定階段，就會感到難以逾越，那時候，你們要咬緊牙關，苦苦奮鬥，一旦過了那道關，前面便是坦途了。」

林洵先生接着說，學習一切藝術，乃至學佛、學道、學儒，都是一樣。

讀了這段文字，我不禁想起，學習術數又何嘗不是一樣。而且學習術數，往往分成很多個階段，咬緊牙關，突破了一個關口，以為前面盡是坦途了，但到了一段時間，又會出現第二道關口，如是者必須經歷過多個關口，克服了多重的障礙，然後在術數上方可說小有所成。

由於關口與障礙這麼多，如果是自學或自己獨力去研究或解拆的話，很多時遇到極難突破的關口和障礙時，有些人自然會氣餒，從而放棄這方面的鑽研。不少人學術數學得半通不通的，其因亦多在此。

因此，學術數有師承，有名師指導，不單是十分重要的事，而且亦可事半功倍。開始時，關口與障礙會來得特別密，師父一一把你帶過去，使你過完一關又一關，瞬間好像前面盡是坦途了。

有自作聰明的人，就在這個時候目空一切，以為可以自立門戶了，有些反骨者更會欺師滅祖。只是，很多時「反骨」的情況出現得太快，便把自己固定在某一階段與層次內。因為在坦途的盡處，往往還有三數道常人無法跨過的關口，到這個時候，固然有人後悔，但後悔亦無補於事了。

糾纏不清，愈走愈遠

多年前在一個宴會上認識了一位新朋友，他對紫微斗數可說熱中之至，自己鑽研之外，也花了不少錢去買書籍和買講義等，但成績卻不見得如何超卓。

除了稍欠慧根之外，我個人覺得，他過於迷戀不少新方法，糾纏不清，以致走火入魔，距離真正認識斗數之目標愈來愈遠。他對舊有的方法，本來已不詳熟，再混雜一些似是而非的所謂「新方法」，徵驗性就愈來愈低。

舉例來說，譬如一個女性的星盤，有經驗者一看就可知這位女性的型格如何，漂亮與否等，但他就只是靠估。記得當日我提出這個問題時，他的答案就說看命宮是何星，如果是太陰、天同等多是漂亮。我再問他還有甚麼宮度甚麼星可決定是否美麗的，他就答說再看三方四正的星曜。始終無法搔着癢處，我就知道他真是「有限公司」了。

後來我故意問他，假如天府星在卯宮或巳宮守命，是否漂亮，果然答不出來。

天府星在巳宮或卯宮守命的女性，多是漂亮的，原因何在？

看一個人，無論男女，是否漂亮英俊，必須兼看父母宮，而父母宮古稱「相貌宮」是很有理由的，因為一個人的相貌型格，必然得自父母方面的遺傳。

天府星在巳宮，父母宮在午宮是天同、太陰相守；天府星在卯宮，父母宮是太陰獨守，而兩個宮度的太陰星都是在陷宮，必然可盡量發揮太陰星的長處，所以必然漂亮，除非有其他惡曜相纏，那才須斟酌。

這是很基本的東西，但很多人學了多年都學不到，奇怪！奇怪！

夙慧與舉一反三

多年前在一個聚會中，幾位熱中術數的朋友聚在一起，談的自然多是術數的問題。只是這次聚會，給我一個很大的感受，一個在術數上有夙慧的人，確實可以舉一反三。

記得那天晚上，有一位懂得「子平」的人問我，在「子平」來說，傷官見宮的人，特別易惹官非，那麼，在紫微斗數來說，也應有相似的格局吧？

另一位朋友立即搶着代我答，在紫微斗數中有兩個官符，如兩個官符是會照或相疊於本宮或者事業宮的話，特別易惹官非，記着，紫微斗數十分講究相疊，這是紫微楊在《天綱搜奇錄》上說過的。

不錯，這位朋友是根據疊祿與疊忌等原理來舉一反三的，可說十分聰明和有夙慧。

官符自然是主官非的星曜，但每個人的星盤必有兩個官符，其一是由年支起的，另一則由祿存星分陰陽而起的，那麼，豈不是很容易遇到它而惹上官非？

事實卻非如此，因為這兩顆官符星，都非甲級星，所以力量並不很大，縱使是原天盤相疊，也只能說是易惹官非而已，與「子平」的傷官見官一樣，也不是任何時間都有官非的。

所以，原天盤兩顆官符是分處會照的宮度或有機會相疊的話，就要特別留心它當年甲級主星的吉凶，特別是事業宮星否有忌星相守等。同時，在看官非的問題上，龍德與奏書這兩顆星也十分重要，必須兼看。

在談過這問題後，又一位朋友立即說，照這樣說來，從流年而來的天喜星若與原天盤的天喜星相疊於田宅宮，豈非這家人必添人口？

我只能嘆一句說，現在的人學斗數真聰明也！

師承與秘笈

學術數，我常認為師承和夙慧同樣重要。

但常有人誤解，認為某些人術數之了得，皆因他擁有一些秘笈而已！

這可能受一些武俠小說的渲染，把武林秘笈視作走上登峰造極的工具，而沒有想到，如果根基薄弱，則縱使擁有所有秘笈，亦會得物無所用。

在術數方面亦一樣，有了秘笈沒有人點竅，同樣會不知所云。

我常有這樣的感覺，前人之寫下一些秘笈之類的東西，必留下一些謎團，在關鍵之處必待口傳然後能順利通過。

舉例來說，在玄空方面，當年蔣大鴻認為是秘中之秘的替卦口訣，如果你對玄空學所知甚少的話，則縱使讓你得到那些口訣，亦必得物無所用。

現在我不妨把這個前人認為「天機不可洩」的口訣寫出來，那就是「子癸並甲申，貪狼一路行，壬卯乙未坤，五位是巨門，乾亥辰巽已，連戌武曲名，辛酉丑艮丙，天星說破軍，寅午庚丁上，右弼四星臨」。

試把這個過去曾被人認為是「天機不可洩」和「秘中之秘」的口訣送予普通不懂風水學之人或僅是略懂風水之人，看他能否掌握到這個口訣而能好好的運用。

但如果你對玄空學已有一定的心得，在得到上述口訣後，再加上有人為你詳細的詮釋，到你完全明白後，自然是更上一層樓，如虎添翼。

否則縱使你對這口訣唸得滾瓜爛熟，也是人云亦云而已！

口訣——既有利亦有害

很多時，有很多東西的設計，都是既有利亦有害，問題只是眼前有利，而將來有害；還是眼前無利，而將來卻是有利的。

在想到這問題時，不期然使我想到中國各門術數中之眾多口訣。

口訣之為物，是使你在學某些東西時容易上手，但卻使到你知其然而不知其所以然。

有關口訣，先舉一例，在珠算上，有一個計算斤両的口訣，如一——六二五，二——一二五，三——一八七五，四——二五等等……。過去許多雞鴨欄的掌櫃先生都用這個口訣。而這個口訣，亦確實方便好用。如有人買雞，每斤十五元五角，所買的雞是二斤三両，那要多少錢呢？有了上述的口訣，計算起來就十分容易和快捷，兩斤的價錢是卅一元是易知的，三両就是用十五元五角乘一八七五就是了，兩者相加起來便是得數。

這個口訣，過去的掌櫃先生用的人甚多，但不少卻是知其然而不知其所以然。正是師父教落，大家照用無誤。

當然，你如果肯追本尋源，當然知道那不過是把十六進制改為十進制而已，以十六去除一，所得的結果就是零點六二五。

而在術數方面，不管是哪一門，甚至是風水學的九宮飛星，亦多有口訣，而這些口訣，也如上述珠算的口訣那樣，代代相傳，師父教落如此，大家照用無誤，因此同樣有不少人是知其然而不知其所以然的。

追本尋源，豈是每一個人都能做到的事！因此，口訣只是見利於初學者，使初學者易於上手。但到達某一程度後，它就會成為一道無形的障礙。世間事，每多既有利亦有害，於此亦為一明證。

須懂合理的推論

多年前在一個酒會上，認識了幾位新朋友。談起來原來他們都是紫微斗數的發燒友，因此，整個晚上的話題都離不開紫微斗數。

在談話中，我發現他們對紫微斗數之所謂天盤、地盤、人盤，中毒頗深，稍有懷疑，立即轉用地盤去看，變成了對地盤與人盤的濫用，聽着也使人搖頭。

其中一位朋友從袋裏摸出一張星盤給我看，是命宮會照到祿、科、權的，但朋友一口就咬定這星盤應看地盤才對。

我奇而問他理由，是希望知道他是否真的知道甚麼時候才用地盤，是否如現時很多人都說「卡罅時」就看地盤那樣。

果如所料，他真的是只知其一不知其二，而他所持的理由是：命宮是第一個大限，第一個大限這樣好，不可能童年境況不佳者，而那星盤的主人，童年甚苦，所以就斷定應改看地盤才對。

我聽他這麼說，確是又好氣又好笑。但終於忍不住，便問他是否看過有些古籍，說陽男陰女第一個大限是父母宮，陰男陽女第一個大限是兄弟宮。

這時他訝而問我，古籍這種排大限的方法真的是對的嗎？

我只好對他說，不盡對也不盡錯。命宮是第一個大限才是對的，但看一個人的童年境況如何，必須參看父母宮。因為一個人在童年時，全由父母決定，父母富有的話，他的生活自然富足。如果命宮極美，父母宮極差，那麼只好說這人天盤頗高，童年時已精乖伶俐，日後能白手興家，只是童年的生活，由於父母窮苦，境況自然不會好到哪裏去了！學斗數，必須懂得合理的推論，可見一斑。

紫微斗數的哲理

這世上有沒有盡善盡美的事？

如果你懂得紫微斗數，和曾經下過功夫研究的話，你就會明白這世上極難求盡善盡美的東西。

我曾在《紫微閒話》中舉過一個例子，月朗天門是頗好的格局，那麼丁年出生豈非更好？太陰化祿也。不料在太陰化祿之時，巨門星即化為忌星緊躡在福德宮裏，使福澤打了一個很大的折扣。

這不過是其中的一個例子，相似的例子更多。

如天同星是福德宮的主星，守在福德時若能再化祿豈非更好？但天同星在福德宮化祿的話，那麼兄弟宮就必然受損，是為廉貞化忌也。再說如果天同星守命宮化祿呢？那麼又到子女宮廉貞化忌也。

再如太陽守命的人，一般都是爽朗的，若能化祿豈非更好？但命宮太陽化祿的人，夫妻宮必然見天同化忌，易有感情上的困擾。

諸如此類的例子不勝枚舉，多少都是與過猶不及有關，正合中國人所說的「物無美惡，過則為災」。

我常覺得，紫微斗數星盤的編排，已具有很深的哲學意義存在。

當然，現時有人發現了不少的新方法，包括甚麼星曜都能相會的，如把「子平命理」的「六合」硬施之於斗數之上，這有似下棋的「飛象過河」。

我常認為，縱使是遊戲也好，大家都應該遵守遊戲的規則。如果不守規則的話，那麼這個遊戲還有甚麼意義？

斗數也一樣，甚麼星曜都可以胡亂安放，硬說任何星曜都能相會，強詞奪理，「霸氣」則足矣，但哪裏還是斗數？當然亦不會有任何哲理存焉！

數可取而內多非

在鐵板神數的鐵卜字口訣中，有這樣的一句話：「數可取而內多非，寧不慎乎！」這句話的意思是，在取數方面，你可以取得很多的數，只是其中有很多是錯的，所以不可以不小心。

這句話本來是指鐵板神數的推斷六親，輾轉而迂迴曲折，其中有些數是不對的，應該小心篩選。

這話使我想起早前有一位紫微斗數的發燒友，對我提出很多紫微斗數的意見，而這些意見都是他從港台出版的一些書籍處得來的，其中亦有些是從價錢極昂貴的講義中得來的，只是，他不懂得去蕪存精，以為旁徵博引，不料卻變成無所適從。

學術數要有師父，其重點即在此，起碼有人告訴你哪些方法是對和哪些方法是錯。

所謂「築室道謀」，永遠是似通非通的，情況有如你要建築一間屋，拉着路人問他們的意見，便會使你無所適從，無法決定應如何去建築那間屋子。但如果有工程師替你決定一切，而這位工程師確實有這方面的學問，你又信任他的話，事情就變得簡單好辦了。

在香港，目前極多人教人紫微斗數，能選擇到好的師父，既要靠你眼光，也要有點運氣。

正是「數可取而內多非」，又豈只鐵板神數為然？在我們日常生活之中，真真假假的事經常圍繞着我們，能一下子辨得真偽，固然講究經驗，若能加上謹慎，更可減少許多錯誤的選擇，走少了許多的冤枉路。

說它無關卻有關

許多事情在不知其底蘊之時，隨便的加以論斷，既失之「中肯」，也容易成為「妄加評論」。

小的只是被識者所笑，而大焉者則可致誤導他人而甚至害了人。

記得在多年前，自己還未破解「鐵板神數」的秘密時，看見很多「鐵板神數」的書籍，前面都附有「紫微斗數」的起例等，當時只是感到奇怪，不明其底蘊。

後來又看過不少的書籍，作者解釋上述的原因，現在看來確實可笑。

有人說「鐵板神數」與「紫微斗數」完全無關，只是胡亂的編在一起，亦有人說「鐵板神數」的起例，其中有些是與「紫微斗數」有關連的。

後者自然是胡說，而前者也不盡對。

到近年，我才徹底明白了為甚麼「鐵板神數」的書籍，前面都附有「紫微斗數」。

算「鐵板神數」最費功夫的，是在於推一時八刻和考六親，如果有「紫微斗數」的輔助的話，在很多情況下，會較易切中。舉例來說，很多人不是單憑四柱八字可以算出他的六親情況的，儘管八刻天干數有所切中，甚至能套入甲乙斗宮，但有時六親情況仍是不夠明朗的。所以，有些個別情況，縱使你是「鐵板神數」的老手，也可能要你花兩三個鐘頭才能把六親的情況明確考出來。原因就是有些人的六親情況，是藏在一些很特別的鐵板神數的卦內。如果一點線索都沒有的話，情況直似大海撈針，也會花去你不少的精力，使你筋疲力倦。遇到這樣的情況時，「紫微斗數」就成為一個很好的輔助工具，可以使你省回很多的時間。當然，在「子平」上有超絕的功夫，亦能成為極佳的輔助工具，但我卻認為應不及「紫微斗數」之好用，亦應是所有「鐵板神數」的書籍，均附有「紫微斗數」起例的原因。

正是「說它有關，它卻無關；說它無關，它卻有關」。

奴僕與交友

在紫微斗數的星盤中，有一個「奴僕宮」，目前不少人已把它改稱為「交友宮」。但我卻一直堅持沿用「奴僕宮」之名。

主要原因我認為「交友宮」無法概括它的意義，望文生義大家就會認為這個宮度只與交友有關，而不知道它其實牽涉及你的事業的。

舉例來說：如果你與人合作做生意，合夥人之間是否會出現不和或衝突等事件，很多時「奴僕宮」就有所啓示。

就算你只是打工仔一名，但與上司或同事是否合得來，也得看「奴僕宮」的吉凶，所以說，把「奴僕宮」改稱為「交友宮」，以我的觀點來說，我就覺得有點不妥。

特別是打工仔，看職業的轉變，既看事業宮亦必須兼看奴僕宮方能準確。

事業宮的星曜不吉，只能說你工作很不順利或者壓力很大和工作得不愉快，至於是否會因此而離職，則有時必須兼看奴僕宮方能定奪。

而事業宮不能肯定的去看出是否有離職之事，主要原因是因為有時的離職，並非因為工作不順利或不開心而致的。

只是「奴僕宮」的名字，很多人認為它有很大的封建味道，而「奴」與「僕」這兩個字，當然不受現代人歡迎，而有人把它改為「交友宮」可能亦因此而致。

但，我卻一直認為把「奴僕宮」改稱「交友宮」實在有失原意，在還沒有找到另一個更好更貼切的現代名字時，雖然不甚願意，也只好將就的繼續沿用「奴僕宮」這個舊名了！

虛有其表與實而不華

很多事情，不能單看表面。單看表面的話，很多時候會差之毫釐，謬之千里。在日常生活中，相信不少人都會有這樣的體驗，外表看來確是不錯的，其實那不過是虛有其表而已！

曾有一位略懂紫微斗數的朋友拿着自己星盤來問我，說本年流年事業宮見紫微星，應該在事業上甚好才對，為甚麼他今年會失業，是紫微斗數不準了吧！

我拿過來細看，覺得很準，因為他本年雖然紫微星守事業宮，但本宮是武曲化忌，再加上廉貞化忌守財帛宮，已有運氣不吉的現象，再加上奴僕宮本來是無主星相守的，但對宮卻是巨門化忌。因此，可以知道他必然是與上司鬧翻而辭職不幹。

但為甚麼那位朋友一點也看不出來呢？第一當然是由於道行尚淺，第二是犯了偏見所累，只知道看事業宮的星曜，而不知道其他星曜所可能造成的影響。

更有不少人認為本宮的星曜吉，那麼在那個大限或流年內就一定吉，完全沒有去注意福德宮的星曜如何，也是一個極大極大的疏忽，因為本宮吉相等於表面吉而已，福德宮吉才是真正的福澤所在。

所以，過去精研斗數的人曾有這樣的說話，「命宮吉不如福德宮吉」，這是大有道理的。命宮的星曜看來平常，而福德宮大吉的話，那其實相等於「實而不華」，命宮看似甚吉而福德宮甚差的話，那就真正是「虛有其表」了。

「實而不華」與「虛有其表」，你寧選哪樣呢？答案應該肯定是前者。

鑑別能力之重要

有幾位熱中於術數的朋友多年前曾問我，學到甚麼程度才算有成呢？我記得當時我稍一思索後對他們說，我認為最低限度要能鑑別一個人的出生時間是否正確，才算有成。

不少人由於種種的關係，如兄弟姊妹太多，父母無法記憶起他們出生的正確時間，又或當年的時鐘準確程度有問題，甚至忘記減去夏令時間等等，都足以造成誤差。

我一直以來都認為一個人的出生時間（年、月、日、時），好比一個人的基本數據，如果基本數據都錯的話，如何求它演算出來的其他數會準確呢？

通常每一個人的星盤，都會有它的特徵，包括有顯示在個性方面、六親方面、事業方面等等，不一而足。

由於它是屬於特徵，所以一定要是準確的。

只是，目前一般人算紫微斗數，對六親方面最無把握。因此，當特徵顯示在六親方面的時候，他們的鑒別能力也隨着被削弱了。

我常認為，替人算命者，不管是算紫微斗數也好，子平也好，如果不先設法鑒定來算者的出生時間是否準確，就立即滔滔而談，是極為危險的事，第一固然容易錯誤百出，第二更容易誤導人。

一般人去算命的目的，無非希望趨吉避凶，但不幸被人誤導的話，可說十分無辜。而這卻是與業者的鑒別力十分有關係的事。

親眼見過一位小姐，學了斗數多年，連自己的星盤是錯誤的也不知道，多年來一直在自己誤導自己，實在令人感慨。而鑒別能力之重要，於此可見一斑！

天機與道理

名作家項莊先生曾提及，台灣某術數家替某巨公算命，由於只知其出生的年、月、日，而不知其生時，結果估計他是某時出生，因與某些事件吻合，再判斷他兩年內如何如何。

這在我看來，是頗為危險的事！

巧合的情況很多時都會有，但若因某些巧合而就認定他應該是那個時間出生，很多時就會差之毫釐，謬之千里。

如早前出事的某名人，大家都知道他的出生年、月、日，就是不知道他的時辰，好事者就根據他過去一些事來推斷他應屬哪一個時辰出生，於是有甚麼武曲雙化祿、貪狼雙化權等之議論。

但這位名人我是熟悉的，他真正的生時我知道，也替他算過，亦相當準確，到現在他遇到有疑難仍喜歡來問我的意見。也因為當年在事情發生前我已向他說明一切，所以到現在他仍很信我。

那麼為甚麼有人估計他是在武曲雙化祿的大限中呢？原因很簡單，一般人認為武曲星是財星，化祿守財帛宮就是富有，那麼這位名人如此富有，還不是武曲雙化祿？

研究過「子平」或深入研究過「斗數」的人都會知道，凡大富大貴之命，每多是玄機暗藏者，普通之財帛宮化祿，也不知多少人會遇到，難道都成大富？

當你手持玄機暗藏的星盤或八字，仔細研究，到有所發現時，你就會訝異天機之妙，然後相信非等閒可以猜中！

所謂「靈光一閃」，豈可以與雜亂無章散射之光比較？然兩者之異同，就有很深的天機道理存焉。

化忌亦有可取之處

很多初學斗數的人，對化忌星特別敏感，一見到命宮有化忌星守，就認定那是不好的命，這是很錯的。

因為有些化忌星守命化得很妙的，是為比不化忌更好的，甚至可以說如果不化忌，情況反不及化忌的好！

早前，一位朋友給我看一個星盤，是他兒子的，就是化忌化得甚妙者。

那是貪狼星化忌在寅宮守命，而身宮為七殺星。

這個星盤，貪狼星如果不是化忌的話，一定是個嗜好極多的人，有煞星同纏，則嫖賭飲吹可說無所不好。

但現在他勝在癸年出生，貪狼星化忌既可削去不少不良的嗜好，同時更使守在財帛星的破軍星化祿，與子宮的祿存星同時向福德宮會照。

通常，貪狼星化忌守命的人，也會有嗜好，只是這種嗜好會偏向運動方面，那就與不化忌大異其趣了。

如上述這個星盤，就屬於化忌化得甚妙者。

而更妙的，這位朋友另有一位女兒，也是化忌星守命，同時也是化得不錯的。他的女兒是乙年出生，太陰化忌在月朗天門的宮位守命。太陰在亥宮是最旺的位置，化忌對它的影響不大，但好處是遷移宮天機星化祿，事業宮有天梁星化權及祿存，成為一個吉星拱照的格局。

以前的人說「先風水後八字」，現在我也覺得很有理由，因為我見過不少兄弟姊妹，他們的星盤每多有相似之處，是冥冥中有個主宰乎？是遺傳密碼所造成乎？我也希望知道答案！

化忌的另一解釋

斗數之精髓在於四化，但很多人學了斗數多年，對四化的認識仍然不足者，絕不稀奇。

早前有朋友給我看一個星盤，男命丁年出生，巨門化忌在巳宮為財帛宮，他問我這個星盤應如何看法，這個人是否屬貧窮之命？

這既是對化忌星的認識不足，也帶有誤解，富有之人財帛宮有忌星相纏者大有人在，是故必須兼看三方四正及田宅宮的星曜。在本港，我便見過有富甲一方的人是文曲星化忌守財帛宮者。

現回頭說回上述星盤，男命丁年出生巨門化忌在巳宮為財帛宮，那麼他就一定是天同化權在酉宮守命，太陰化祿守遷移宮，天機化科守事業宮，命宮除了有巨門化忌會照之外，同樣有化祿、化權、化科的吉星拱照。

能有祿科權拱照之命自然不弱，加上男命大限逆行，大限到未宮時，更成為太陰雙化祿守財帛宮，如何會是貧窮之命呢！

那麼，天盤巨門化忌財帛宮應作何解釋呢？

巨門星是關於是非或糾紛之星曜，由於這個星盤格局不低，只能說他一生多錢財方面的糾紛，當時我說這人最好是做保險業。

朋友非常的驚奇說他這位朋友確是做保險業的，並問我為甚麼這個星盤最宜做保險業。

我所持的理由是，凡經營保險業者，一定脫不了金錢賠償的問題，而賠多或賠少，很多時有執拗或甚至訴訟，是故，他做保險業是最適宜不過的。

且他在大限走到未宮時，生意確是極佳，也賺了不少錢，只是那時巨門雙化忌守妻宮，新婚不久即告仳離，亦數也。

化忌星守財帛宮或任何一個宮度，往往藏有另一解釋者，此僅為例子之一而已。

巨門化忌招惹是非

在紫微斗數中，巨門是主「是非」的星曜，同樣的，在風水學中，二黑巨門也是主麻煩、阻滯和兼主疾病的。若同時遇上三碧那就更煩

一般來說，是非並非一件好東西，大家都怕去惹它。但偏這個世界上，就有人是喜歡惹是生非也，好像沒有是非就不能過日似的，所以無論如何都要去製造一些是非出來。

如果是自己蓄意招惹是非，那麼無論到頭來多煩惱，那是自招的，怨不得人。

但有些人卻並不如此，無論如何去避免是非，但是非總好像有腳似的找上門來。這種事情相信不少人都經歷過。

以我自己來說，就常有這樣的遭遇。

我深深知道，也十分明白，一個人如果鋒芒太露，既易招忌，也易招是非。所以，

在術數界中人來說，大家都知道我是極不喜出風頭的。電視與電台雖曾力邀我去講點東西，都給我婉拒了。

朋友都說我對術數，是採取十分低調的態度去處理它的。照說，是非應該遠離我才是，但最不幸的是，在我自己過去的大限中，就曾見過奴僕宮巨門星守，兼見天機星化忌。因此，不少的是非，是從朋友方面無故的招引而來。在一九八七年丁卯年更是巨門星化忌之年，一般來說，巨門化忌多是應在六、七月間的，當年在交入六月之後，我已十分小心家居的風水，結果，六月份之後，家居不遠處進行了動土建屋的工程，雖急忙的出盡八寶解拆，但仍有是非的暗湧和小恙，術數之奇與湊巧，有如是者！

君子問禍不問福

不管你是否喜歡研究術數，對自己一生的禍福，大都是想知一點點的。福既有不同程度之分，而禍同樣有不同程度的禍害。

在我所著的《天網搜奇錄》中，在談及紫微斗數的一章裏，十分着重的寫各星曜化忌的影響，而對化祿、化權及化科則着墨很少。

在此書在報章連載完畢之後，我收到不少讀者來信，有問我為何如此着重化忌；亦有問是否會再詳細的續寫化祿與化科及化權等。

我特別的着重去寫各星曜的化忌，多少固有「君子問禍不問福」的思想，而最大原因是，研究斗數，對各星曜之化忌，如果認識得不夠，最易誤人誤己。

至於化祿等，雖或認識不深，縱有誤導，最多是使人失望而已！

舉例來說，天機星化祿或廉貞星化祿守財帛宮，以為必可發大財，豈料財雖有，但不如所想望的大，那也只是換來一份失望的心情而已。決不如把化忌看錯了影響之大！

而且看化祿，除了看化祿的是甚麼星曜外，必須兼看是否纏有地空、地劫等星，更須看福德宮是否完美，然後可以判斷化祿所致的效果。否則縱然是主財的星曜如武曲或太陰化祿，但纏有地空及地劫二星，再加上福德宮不吉的話，所得的收成也不會很大。

收成不大，固然會失望，但無論如何不至造成傷害性。

但化忌的情形就完全不同了，所以說鑽研斗數，對化忌有清楚的認識是十分重要的，而我寫的《天網搜奇錄》關於紫微斗數的篇章中，特別着重於這方面，原因在此。

術數英譯的困難

任你是英文大家或聰明出眾，對着下面的幾個英文字，相信你一下子也很難明白它所指的是甚麼。

那幾個英文字就是：QIAN，KAN，GEN，ZHEN，XUN，LI，KUN，DUI。

原來這是中國大陸對「乾、坎、艮、震、巽、離、坤、兌」的音譯。

多年前，名作家嚴沁小姐從北京回來，送我一個十分袖珍的「漢代司南模型」，所謂「司南」就是中國古代指南針之稱，複製得十分精緻。由一個杓與一個地盤組成，地盤分有廿八宿和二十四向，附有卦位。

最妙的是它附有一份英文說明書，我因為好奇，把英文說明書看了一遍，覺得它的音譯十分有趣，如上述的八卦外，還有十天干與十二地支的音譯，而八卦就譯作EIGHT KUA。

甲乙丙丁等十天干就譯作JIA，YI，BING，DING，WU，JI，GENG，XIN，REN，KUI。

而子丑寅卯等十二地支就譯作ZI，CHOU，YIN，MOU，CHEN，YI，WU，WEI，SHEN，YOU，XU，HAI。

對於上述一批古古怪怪的英文字，不禁使我想起，要把中國術數的書籍譯作英文，實在談何容易。

一般的中國人，算你是既精通英文和中國的術數，在乾、坎、震、巽譯成QIAN，KAN，GEN，ZHEN之後，相信你對着這類的書籍讀來也會頭大如斗。

至於外國人，要他們明白甚麼是ZI，CHOU，YIN，MOU，相信就更難乎其難了！

要把中國術數介紹給外國人，看來真的要花一番很大的功夫，同時還要他們有極大的耐性，然後可以希望有成。

古籍錯字魯魚豕亥

中國的古籍，大多是木刻版的。照說，木刻版的字，由於字體頗大，應該易於校對和錯字較少才對。但事實卻不然，而且錯字每每在極關鍵性的地方出現，使讀者無法知道它真正的意思或者是錯在哪裏。

如鐵板神數與紫微斗數的古籍，我早就說過，其中不少魯魚豕亥，使人不忍卒讀者。

舉例來說，鐵板神數的地支變卦，古籍所載多是：「亥子坎宮寅震木，巳午離門丑在坤。卯酉乾金辰是兑，未艮原來戌巽真。」

細心的讀者，已知道它在十二地支中是欠缺了「申」的，那麼「申」是屬甚麼卦呢？無法知道。

我又見過另一版本是「亥子坎宮寅震木，巳午離門丑在坤，卯酉乾金辰是兑，未申艮木戊巽真」。這是包括了「申」在內了。

以上兩個版本，不少人大概會認為後者一定是對的了，因為它實在已包括了十二地支在內。但我認為它還是錯的，如果讀者細心的話，以之配卦，就會發現在六十四卦中是會缺去很多卦的，而且所缺的卦缺得非常之不合理。

那麼正確的應是如何的呢？現在我把我認為正確的寫出來，大家就可以知道它實在相差很大。正確的應是「亥子坎宮寅卯震，巳午離門丑在坤，申酉乾金辰是兑，未艮原來戌巽真」。它是很合理的把「亥子」、「寅卯」、「巳午」、「申酉」分別配同一的卦，而辰戌丑未卻另配卦，但卻能很合理的配合出四十八卦，與「變知六八止」的意思可說是吻合了。而我一直很有信心的認為這才是正確的，也在於此。

而讀古籍自學術學之難，於此也可見一斑。

斗數應重徵驗

初學紫微斗數的人，對於沒有主星相守的宮度，推斷會覺得特別困難。如紫微星在已或在亥的星盤，沒有主星的宮度達四個之多，不少對紫微斗數認識不深的人，對着這些星盤，推斷的準確程度會大減，甚至會覺得毫無把握。

坊間不少紫微斗數的書籍教人，本宮無主星就看對宮的星曜。

話雖如此，但廟旺利陷如何計算法就引起不少人的困惑。有人就以對宮的廟旺利陷為準，有人以對宮星曜搬到本宮後的廟旺利陷為準，莫衷一是。

所謂廟旺利陷，相等於旺弱的説法，如太陽在午，是為日麗中天，當然旺極，是為廟位。如太陽在子，夜後的太陽，是為弱位，亦即陷宮。

由此可見，太陽在子宮和午宮，是有極大的分別的，只是太陽在這兩個宮度，對面都有天梁星，所以不會出現因無主星而看對宮星曜所帶來廟旺利陷的問題。

只是太陽在寅或在申之時，與巨門星同宮，對宮就沒有主星，上述廟旺利陷的問題就來了。

對於這個問題，不少人問過我應如何看法。

我一直以來，都認為本宮無星，看對宮的星曜時，仍應以對宮星曜的廟旺利陷為準。

舉例來說，紫微在亥，如果命宮在寅，那麼就是沒有主星守命，以申宮的太陽、巨門為準，申宮的太陽為偏西的太陽，其特有個性是完全表現了出來。與太陽、巨門同在寅宮守命者大異其趣。

紫微斗數有好幾個流派，過去有不少人有新發明。但我總覺得，徵驗應放在第一位，如果全無準繩度可言，那根本說不上發明，是胡謅而已！

真真假假，假假真真

記得在很多年前，大師兄得到本門所傳的一本紫微斗數手抄本，是師父交給他的，要他重抄一次。

那個時候雖然已有影印機，但因為原本十分殘舊，固然無法複影得清楚，而且經過幾次的抄傳，內文亦有殘缺了的地方。

而最要命的，還是有些十分關鍵之處，竟然字跡模糊，無法看得清楚，有些地方則是經過改寫和補註的。

在大師兄去世之後，他所抄的那個版本，雖然和原本一樣封面處都寫着「請勿翻印抄寫」，但卻給人不顧一切的利用了來發財，由此而輾轉相傳。

我當時十分不開心，第一固然我知道其中有些地方是不盡不實的，是屬於看不清楚原文而強行補上去的。這樣子一傳，便會有些地方以訛傳訛下來。

果然，不數年，我在一個極偶然的機會下，從一位老先生處得到應是當年我們師伯的抄本，雖然同樣殘舊，但由於保存得好，字跡也就清楚得多。也由於有了這個抄本，使我解決了許多狐疑的問題。

舉例來說，紫微斗數的精髓在於「四化」，即「化祿」、「化權」、「化科」、「化忌」。如果是一脈相傳的話，這些關鍵的地方是不應有分歧的，但結果，今日的紫微斗數，不同門派的固然不同，甚至是同門的也有差異，至於為甚麼會出現那些差異，在我得到師伯的抄本後也就一一明白過來。

從此事使我想到，很多術數上派別之衍生，極可能是以訛傳訛而來，在大家認為自己才是真傳的環境下，說不定偽託和杜撰者的聲勢更盛。在真真假假的環境中，假者也相信自己是真的了！

交織而成的命運之圖

一位朋友對我說，早前在台灣興起的一派新派紫微斗數，只用十四顆主星，其他星曜一概不用，連六吉六凶也不備的，現時也告沒落了。

朋友問我對這事有甚麼意見或感想？

我認為這是必然的事，紫微斗數如果只用十四顆主星，未免失諸粗疏，徵驗性自然奇低。徵驗性太低的時候，又叫人如何去相信它呢？不沒落才怪呢。

事實上我常認為，不要說使用刪略了的紫微斗數，就算全面的用紫微斗數，有時也會有漏失的地方。

我在《紫微閒話》中寫過，我替人算命，並不拘泥於某種術數，我是同時使用多種術數的，如「子平」、「河洛理數」、「鐵板神數」等。

因為某一種命，有時會在某一種術數會有較清楚的顯示。

舉例來說，我見過一個以「子平」來說是屬於「炎上格」的命，格局的清純與大運及流年怕水的情況，是十分容易看出來。但以紫微斗數來說，他是天梁星守命，大運與流年同樣準確，但評格局之高低，則不及「子平」清楚了。這是兩門術數各有所長和各有所短的一個淺顯的例子。

對術數的研究，我有自己特殊的一份固執，我喜歡集各家之所長，認為命運之圖，要清楚的顯現出來，必須靠幾種術數交織而成。

但世人每多是，覺得某種術數有漏洞或缺陷之時，就以自己的意見去作一些新發明，或託言曾作某些調查而得到某些結果。以我個人的意見，也許是偏見，那是「誤人誤己，莫此為甚」！

鴕鳥式的學者

早前在一個宴會上，與一位多年不見的朋友同席，而這位朋友是懂「子平命理」的。但他在中國多門的術數中，就是僅懂「子平」而已，對於其他術數，一無所知。

他在席上大談「子平」如何了得，這本來無甚出奇。但話題一轉，他就大彈「紫微斗數」，說「紫微斗數」簡單粗疏，不及「子平」的詳細，然後對席上人說，你們不信可問問紫微楊。

在這樣的場合，難道我與他爭辯不成？所以只有唯唯諾諾。結果他就更得意，以為我是同意他的見解了。

事實是如何呢？我常說中國各門術數，各有所長，各有所短，在我所寫的書籍中我也是這樣說的。

「子平」有「子平」的長處，也有它的短處；「紫微斗數」有它的長處，同樣也有它的短處，至於其他的如鐵板神數、河洛理數等亦然。

我常認為我們不能有太深的門戶之見或作鴕鳥式的學者，拚命的認為自己所懂的就是最好的，自己不懂的就去攻擊它。相反的，我們應該多花時間去研究各門術數，採其所長以補其所短，這樣，我們在術數的造詣上才可以有所突破。

舉例來說，鐵板神數精於六親，我們就應吸納它的長處，紫微斗數精於運程，我們就用它來補鐵板神數的不足，對各門術數都應該如此，我認為只有採取這樣的態度，才可以不受某門術數框框的封限，也只有採取這樣的態度，才可以擴闊術數方面的領域。

這些，自然都不是鴕鳥式的學者所能做到的！

屬於哪一門派並不重要

有一位心水清的讀者，寫來了一封很長的信，向我提出不少的問題，其中一節，他說，他讀過我的四本著作，也讀過我在雜誌上發表的文字，但從未見我提過自己學的紫微斗數是屬於哪一派的。

儘管我自己不提，但江湖上與不少的讀者，卻不知哪裏得來的印象，硬把我劃分為某某派。

有人寫文章或談術數，從每一字每一眼，都忘不了自我宣傳，這個作風當然十分適應現今的社會，亦容易得到大多數人的擁護，更容易發財。

我常說命運與個性是十分有關係的，以我個人來說，要我整天不忘省招牌，寫每段文字都不忘擦自己的鞋，又豈是我這個人能做到的。

我不喜提自己學的紫微斗數是屬於哪一派，是因為我覺得屬於哪一派並不重要，最重要的是自己所學的東西是否具有一定程度的徵驗性，否則一派胡言，招牌省得再靚，於心能安否？

除此之外，我目前是在積極的去擴闊斗數的領域，自然必須排除門戶之見。我最大的目標，是把鐵板神數與紫微斗數融合起來，使它成為一門新的術數，互補長短，在六親方面固有一定的徵驗性，對運程方面亦有相當的準繩度。

現在，我既掌握到鐵板神數的竅要，最重要的工作是如何把它與紫微斗數融合起來，我的心願都全在這裏。

問我是哪一派？我也有點茫然，並不是不知道或不願作覆，只因為我的精神和目標都不在這裏！

四面設伏增強判斷力

中國各門術數，各有所長、各有所短，確是千真萬確的事！

我常說替一個初認識的朋友算命，是一項極大的挑戰，單就六親情況方面要推算準確，已相當不容易，更何況要把他過去與未來的運程起伏，歷歷如繪的說出來。

我對不少朋友說過，替人算命者如果能有多門術數的輔助，效果肯定會較佳。理由是你替一個人算命時，他的一生過程，你可以把它看作一場球賽，而你就是球證，對於一些清楚玲瓏之事，你當然可以立下判斷；但對一些你不大看得清楚的，那就必須有旁證的輔助了。

所以我替朋友算命時，除了用紫微斗數外，我還會兼用「子平」、「河洛理數」、「鐵板神數」甚至「六壬數」等作為輔助，相等於四面設伏，四面都設有旁證，那麼，一些較模糊的事也能清楚的看出來。

舉例來說，如對一個人的「父母宮」有所懷疑之時，如是否有二母或庶出甚至隨母改嫁等，參看河洛理數的天數與地數是十分重要的，再不然，鐵板神數也必有所啓示。

至於是否早年喪父或喪母等，斗數有時也未必有很清楚的顯示，而這方面，「子平」有時又會是十分清楚者。

當然，有些個案用紫微斗數來看，已經是十分清楚的，那就不必勞動其他術數，但卻不是每個個案都是如此，所以我就認為如能四面加設旁證，那麼，除了在判斷上會較為準確之外，同時也增加了你的信心。

所以，我常勸很多對術數發燒的朋友，不可只泥執於某門術數，多學幾門總是有益無害的。

術數互有關連

我常認為，中國的各門術數是互有關連的，我們不應把自己局限在某門術數內，應多所涉獵，摒除門戶之見，把自己所學的東西豐富起來，自然會加強了鑒別能力。舉例來說，如對「面相」及「手相」有研究，同樣有助於鑒別一個人的星盤是否準確。

一個人如果童年生活不佳的話，通常會顯示在他的兩耳上，如耳骨外反等等。

在你看到一個人有這樣的面相時，他的星盤一定有所配合的，也就是說童年時的大限或父母宮一定不吉。然後可以考慮他的星盤是對的。

同樣的如果他的兩耳生得甚美，那麼他的星盤亦必是童年大限甚吉者。

再如女人無子女者，星盤的子女宮必會有很強烈的顯示，同樣的在她的面相上，起碼也會有「兩眼深邃、眉毛疏薄、人中甚淺」三者的現象同時出現。

以上的例子都是以面相與星盤的配合來鑒定一個人的出生時間是否準確。

同時，除了面相外，手相同樣有一定的作用，如大拇指是軟是硬，掌心有無因做過手術而出現的星紋，再如女性手背的膚理，同樣可作一個很大的參考作用。在初步確定一切吻合之後，再在術數方面研究六親情況，都切合了然後推算運程，那麼，所得的結果自然準確，也一定能經得起時間的考驗。

而我常說中國的五術互有關連，其理在此。

神數刻分之謎

算過鐵板神數之人，都知道鐵板神數是除了出生的時辰外，還有刻分的。很多時批章上也有註明是幾刻幾分的，如午時二刻三分等。

因此，不少不知鐵板神數內幕的人，便把這個刻分認定是自己出生的真正刻分。

本來，這個誤解倒無所謂，只是有人算過了一次鐵板神數後，認定了自己的刻分，到他有機會再找到另一位鐵板神數家再算時，往往又會出現不同的刻分，如第一次算時是二刻三分，到第二次算時卻是七刻五分等。但六親情形同樣準確，他自然會感到十二分的莫名其妙。我早前就收過這樣的讀者來信問我。

同時我也見過有人算過一次鐵板神數後，一直惦記着自己是幾刻幾分的，到他有機會再算第二次鐵板神數時，他每每對業鐵板神數者說：「不必核對刻分了，我是幾刻幾分出生的。」

在極大部份的情形下，業者都會不理會人客所報的幾刻幾分。而且，絕大部份算出來的刻分，是與人客所報者不同的，只是六親情形卻同樣準確。

關鍵性在哪裏呢？原因就是鐵板神數的刻分並不是時鐘上的真正刻分，是「卦變」而已。而且，每一位業鐵板神數者所用的考刻方法，和八刻天干數，很多時也會出現差異。

如卯時一刻，有人所用的是「犬年得子方合此刻」，也有人用的是「金年母先終方合此刻」，而刻分的差異就這樣出來了。

如果不信，你大可以在算過一次鐵板神數後，把出生的年月日時加上刻分，寫好寄去給任何算鐵板神數者算，除了第一次替你算的人或知道你底細者外，相信其他鐵板神數家都無法替你算。

鐵板神數的玄機繫於考六親，在這方面，師承不同，方法自然不同，但異途同歸則一也。

第二章

命理玄機

運氣之謎，初步揭曉

我經常認為，今日被人認為迷信的東西，極有可能到某一天，又會被人發現原來有科學的根據。

例如，說到運氣，有許多人就認為是迷信的東西。但有關運氣之說現已漸漸明朗，而且有科學的根據。

早前大陸報刊有一段天津的消息，說科學家經已發現每個人根據他的出生日期，可以知道因生物鐘的作用，體力、情緒、智能有不同的同期波動，處於生物周期高潮時體力充沛，頭腦清晰；低潮時則容易疲勞、情緒偏低、記憶力差。而高低潮相互轉化之際被稱為「危險日」，這個時期裏人的體力、情緒、智能很不穩定，容易舉止失常，操作失誤。

而該段消息更報道從該年起，天津冶金實驗廠把生物周期規律運用在生產管理上，使該年頭九個月工傷事故比早一年同期下降一半，創造了安全生產的最好成績。該廠是把全廠二千五百多名職工的出生日期輸入電子計算機，每月按時將下月所有人的「危險日」計算並打印出來，以便及時對處在「危險日」的職工作重點的關注，因此全廠人身事故大大減少。

同時，根據上述的報道，科學家發現因人的出生日期不同，生物鐘也有別，其體力、情緒、智能分別有廿三天、廿八天和三十三天為周期的波動。

讀完以上的報道，不必我多加解釋，大家都可看出，運氣之謎幾已揭曉了。但這是初步的揭曉而已，繼續研究下去，極可能有更多的發現，達致更完美的趨吉避凶。

否定和抨擊「運氣之說」的人，多是未經風浪，小有成就而自以為是的人。相信總有一天，「運氣之說」有了科學根據，會使他們大感訝異和內疚！

再談生物鐘

上文我提到，大陸的一間冶金廠，利用電腦輸入每一名職工的出生日期，根據每一個人都有各自不同的生物鐘的原理，推斷出他在甚麼時候會出現低潮，也就是所謂「危險期」，從而達到減少工傷事件。這確是十分科學化的趨吉避凶。

對這事我感到很大的興趣，覺得還可再補充一點談下去。天津冶金廠已提出了一些數據，證明他們所使用的方法確實有效。因此，我很希望能引起香港廠家的注意，如果上述的方法，行之有素，確能達到趨吉避凶，減少工傷意外事件，那麼就等如既造福工人，也為自己積福。

據大陸消息的報道，他們輸入電腦的資料，只是工人的出生年、月、日，並未有提到出生的時辰。而中國術數，不管哪一門，在算命時，時辰是十分重要的，如紫微斗數，缺少了時辰，就連命宮在哪裏也無法決定，十四主星也無法定位。只能知道祿存星、擎羊星、陀羅星、紅鸞星、天喜星等部份年支、月支星曜在甚麼位置，憑流年去推斷，實在粗疏得很。

所以我有這麼一個設想，目前科學對人體生物鐘的情況所知尚少，說不定有一天發現得更多和更詳細的資料，到時輸入電腦去研究一個人的高低潮轉換期或危險期，說不定除了要有出生的年、月、日之外，尚要有出生的時辰。甚至再精確一點，單有出生時辰還不夠，還要如鐵板神數那樣每個時辰再分為八刻。

我常覺得，有不少人一聽見算命，便直斥之為迷信，他們對術數既無認識，亦未鑽研過術數，不知中國的術數為何物，只是憑直覺去否定術數，實在十分不公平。

排名第五，卻極重要

運氣是甚麼東西，有沒有運氣這回事？

有一位馬迷朋友說從賭馬方面，就可以肯定一個人是有運氣這回事的，只不過一般不懂術數的人，覺得它是來無蹤、去無跡的東西而已！

在眾多的賭馬人士中，大致可以分為三類：第一類是對馬匹十分熟悉，搭通天地線兼有內幕消息者；第二類是靠自己「刨」馬經者；第三類就是甚麼也不知道，純碰運氣而喜歡甚麼號碼就買甚麼號碼的人。

若照邏輯來說，應該是第一類人最為有利，贏錢也是第一類人才對。

但多年前爆出的造馬案顯示，有巨大財力的幕後人，也一樣要輸錢，這不是很難解釋的事，要解釋，也只有說是運氣使然而已！而買號碼或買意頭的人，是否輸實，那又不然，而且經常贏大錢，卻每多這類人。

在很久以前，就曾有這樣的一個故事，兩個婦人一同到馬場去，其一是十分熟悉馬匹者，另一則只是初到馬場。

有一場馬大熱門是「飛機」，熟悉馬匹的婦人自然是投注到「飛機」身上，並且告知同去的女朋友，不料，她的朋友卻屬「包拗頸」之類，看一看馬匹出賽的名單，上有「大砲」者，她就説我去買「大砲」把你的飛機打下來。而「大砲」當時是九十九倍以外的大冷門。

結果，「飛機」跑到無影無蹤，而「大砲」卻順利勝出。熟悉馬匹的人為之氣結，但初到馬場的婦人已盤滿缽滿。

賭馬講究運氣，於此可見一斑，但做人也一樣講究運氣，否則就不會有那麼多人相信「一命、二運、三風水、四積陰騭、五讀書」。也由於不是每個人都肯定自己有運和前生積有陰騭，所以讀書便成為達致成功和生活穩定的一條可取的路途。使到有運氣時如虎添翼，沒有運氣時也能謀安穩的生活。可見讀書雖然排名第五，卻極重要。

運氣之謎，吉祥之物

多年前第十四屆世界盃足球賽賽後，愛好足球的人士，對巴西隊之不能進入四強多表惋惜。

從看世界盃足球賽事可以知道，技術雖然重要，而運氣同樣重要。

如果說巴西隊之不能進入四強是因為球技不佳，相信不少人會大力反對，而且會譏諷你對足球一無所知。

巴西隊之球技既然超群，那麼為甚麼又會被淘汰出局？相信大部份人的答案都會說巴西隊輸在運氣。

運氣這東西，對一般人來說會覺得確是十分難以捉摸，它來的時候全無蹤影，走的時候也在不知不覺之中，所以才有人迷信某些東西會帶來好運，又或某些東西會使好運離去或甚至帶來惡運！

我從不反對某些人自己認為某些東西是他的吉祥之物，也不反對某些人經常查看自己的星盤，看甚麼時候好運和甚麼時候運氣不好。

懂得看星盤或有名家的批章，準確的作出指引，當然是最好不過，但對於不相信算命的人，他們只相信某些東西是他的吉祥之物而增加了他們的信心。

有一位朋友十分迷信「利是封」可以替他帶來好運，所以衣袋裏和銀包裏經常都有利是封在內。

不少朋友知道他這個怪行，既有人取笑他，亦有人問我：「這有效的嗎？」我每次的答覆都是「我實在不知道有哪門術數會教人袋有『利是封』就會『利是』的，只是如果他覺得這樣可以增強他的信心，那麼，我也無話可說。」

因為不管運氣如何，一個人能增強信心總是好事，雖然他所憑藉的東西確屬迷信，那是他個人的事而已，又有甚麼關係！正是「吹縐一池春水，干卿底事」。

烏龍得獎記

蔣清秀多年前有一次的宴會，在抽獎節目中我有幸的中了頭獎，是一個值四千餘元的女裝手錶。事後由於項莊先生和公關小姐珠珠都有在他們的專欄上提及此事，所以不少朋友都打電話來恭喜我，說我真的是「有運」之人。

由這次的中獎，使我更加相信一切的得失，莫不有數。

因為這次我中的頭獎，實在是有「烏龍」的成份在內的。我不怕原原本本的把事情始末說出來。

那天同席的有公關小姐珠珠、專欄作家項莊、柴娃娃、李英豪、石人、遲寶倫、阿化等人，坐在我旁邊的是韋基舜先生。

開始抽獎了，安慰獎之類先後送出，同席的人紛紛領得獎品，因為說明是「人人有份，永不落空」的抽獎，頭獎、二獎、三獎是押到最後才抽的，也就是說愈遲抽中愈好。我與項莊先生直到抽剩五個號碼，還未抽中，那麼說我們兩人是極有機會獲得頭獎和二獎了。

項莊先生的號碼是五十五號，而我的號碼是六十二號。我心中暗想「雙五黃」雖惡，一定敵不過乾坤的「天地德合」。而雖然烏龍，果也如是。項莊先生事後在他的專欄說在抽餘最後兩個號碼，不是他獲頭獎便是我獲頭獎之時，我口中唸唸有詞，並有「踏罡步斗」的怪動作，說我出動到「紫微大法」。是他在文章上開我玩笑而已！我那懂得甚麼「踏罡步斗」！因為他的文章極有號召力，讀者又多，致不少人打電話來問我，不得不在此表白一下。

而說到烏龍，是項莊先生以五十五號取得二獎後，接着宣讀的頭獎，卻不是我的號碼，但那個號碼又沒有人持有，而那時全場各人都先後領了獎品，結果大會就此「烏龍」的算我獲得頭獎，正是烏龍得獎，而各人都說我有運，亦由此而來。

是「烏龍運」也！

運氣不佳的一天

穿西裝而不結領帶，說是「衣冠不整」，那可以說是對的。

但穿獵裝或中山裝等類服裝，是否必須加上領帶或披肩之類，否則也是「衣冠不整」呢？

正是畫蛇添足，莫此為甚！

多年前一位新相識的朋友，邀約到一間中區會所午飯，事先我是完全不知道該會所有服裝的規定的。

而邀約的朋友亦沒有說明必須穿西裝赴會，當日中午，我便穿着整齊一套的獵裝赴會，這是我過去在夏天時最喜歡穿着的一種服裝。

不料在入門的時候，侍應便對我說，他們的會所是要穿西裝才可以入內的，如果穿獵裝的話，則必須加一披肩。

我聞語愕然良久，穿獵裝而加上披肩，豈非不倫不類。暗念我是來作客的，並非來扮小丑給你們看的，最多不吃這個午餐而已，何必屈辱自己，結果我是一言不發的離去了。

我當時在想，如果我是穿西裝而不結領帶，侍應給我一條領帶叫我結上，我是會接受的，因為穿西裝結領帶是很自然的事。

但穿獵裝而被要求加上一條披肩，那簡直是胡來，何不直截了當的說明「本會所除穿西裝者外，概不歡迎」。

經過了這次遭遇後，使我不快了多天。心想這週運氣實在不佳，為免再惹來不快之事，結果一口氣推卻了多個接着而來的約會，在家韜光養晦。在靜思之中，想到這世界有些角落，曾發出激烈的階級鬥爭，徹底破壞人類間相處的融洽。不知是否與一些社會上之既得利益者過分的擺架子有關！

運來鐵變金

凡懂術數的人都會覺得，當一個人走運的時候，很多時在很自然中會有天時地利的配合，而這種配合，甚至是當事人自己也不明白者。

說它是運氣使然可以，說它冥冥中有個主宰在播弄也可以！

早前，認識一位新朋友，他給我看一個別人替他草列的星盤。細看之下，覺得這位朋友這幾年運氣殊佳，應該是發了大財的。詢問之下，他本人固然謙稱沒有甚麼，但其他在旁的朋友則點頭稱對。

這位朋友居住在郊區，後來更邀我們一行人等到他家裏去晚飯和聊天。

在起程之前，我陰念他所住的那個區域，風水只是普通而已，何以他近幾年如此大發？看來必有些蹊蹺。

在到達下車的時候，我第一件事就好奇的用小羅經測量一下他住的別墅式的房屋。

是六運丑未向的屋宇，走震宮門在七運為旺門，雖然三般卦不怕上山下水的格局，如何僅憑一旺門而能發得如此之速？巒頭理氣雖佳，但必然另有道理。

結果我不厭其詳的再問這位朋友夫婦的生年與何時入住等。

據這位朋友說，這房子是在一九八〇年間左右建成，但一直空置，直到一九八五年後經過大裝修才入伙。

這下子我可明白過來了，是為六運樓宇結合了七運的數理。七運的丑未向變成了雙星到向。加上屋前有泳池，旺門旺向，自然其發極速。但這位朋友是否明白這些數理呢？是否六運建成故意讓它空置，到七運才搬入去住呢？當然都不是。但運氣好像在替他穿針引線，替他作主，這才叫人不得不相信「運來鐵變金」！

運去金成鐵

上面說的「運來鐵變金」，是一個真人真事的故事。現在又不妨說一個與前者相反的「運去金成鐵」的故事。

我常認為，一個真正對術數有認識的人，都深深明白一個人確有他一定的軌跡。失運的時候，說甚麼也難挽回，別人看着也只有一份無奈的感慨。

有一位朋友，居住在一間六運子午向的樓宇，開中門，在六運（一九六四至一九八四年）時，運氣殊佳，門前雖有反弓路，亦不足為患。

到一九八四年後轉入七運時，上述樓宇退氣，而朋友的運勢亦隨着逆轉，且犯了官非。

記得在他犯了官非那一年，曾邀我看一下他家宅的風水，當時我認為他所犯的官非，有機會可以大事化小。但建議他在解決了之後，就應搬家。因為從他的星盤，已看出他有生意失敗之象，希望能借風水之力予以挽回。

不久，官非之事果也解決了，在慶幸逃過此劫之時，他亦記得找房子搬家。最奇怪的是，他找到一所房子後，亦邀我去看過風水，是屬於七運「雙星到向，前面有水」，巒頭理氣亦不錯的房子。當時我便勸他買下來從速搬入去居住，而自己亦覺得有了交代。

不料朋友還未搬進去住，生意已倒下來，後來我才知道，原來賣主要四個月才能交吉，而朋友竟也答應。

而不幸的事情就發生在這幾個月內，朋友有幾宗大生意，由於預算錯誤，虧了大本，使生意無法經營下去，終於清盤，前述購入的樓宇，還未搬進去住就要放盤賣出去了！

本來以為可借風水之力幫助他，不料一個人在「運去金變鐵」之時，一切人力的安排，也是徒然而已，還說甚麼「人力勝天」了！

爭取勝利的竅門

記得有一年的香港小姐競選，李美鳳獲得亞軍，不少人認為是大熱門倒灶，都替她不值。

李美鳳為甚麼會落敗，我們暫且不必去研究它，但世事往往就是如此，你以為是最穩健的，它就偏倒灶給你看。

對於這種情況，一般的馬迷最為耳熟能詳，因為每季賽馬，都不知有多少大熱馬倒灶之事，多少被認為必勝的馬匹，結果跑來無影無蹤，其中固然有人為之因素，但也有不少是無法解釋者。

不單只選美、賽馬等如是，其他如拳賽、球賽，不也常有爆冷門。再如說到我們日常處事，不也遇到很多始料不及之事，甚至結果與我們所想像的完全相反者。

對於說一得一失之好像冥冥中有數，很多人可能認為是迷信。

但每個人都有高低潮之時候，卻是可以解釋的，但甚麼時候是在狀態中，而甚麼時候不在狀態中，卻非本人所能控制。是為「運」。

而大熱門倒灶之成因，亦每在此！也可說是運氣使然。

除此之外，身為大熱門者，每多過於自信，亦形成失敗原因之一。

一個人固然不可無信心，但過於自信，則每易成為驕兵，而驕兵必敗，則又屬至理名言。

此所以說我們中國人認為中庸之道最為可貴。患得患失固然要不得，而過度自信則又每每變成陰溝裏翻船，如何取得不偏不倚，便成為協助爭取勝利的一個重要竅門了。

冥冥中有個主宰？

有一位朋友對我說，對於一些不相信運氣的人，只要教識他搓麻將，他總會領略到一個人欠缺運氣的痛苦和滋味。

他認為搓麻將，章法固然重要，但運氣同樣重要，在運氣好時，正是得心應手，要甚麼有甚麼，相反的在欠缺運氣時，儘管你的章法第一流，亦可以令到你無計可施，常在叫三飛也會被上家單吊截糊，甚麼奇奇怪怪的事都會出現，令你氣結為止。

所以搓麻將常有高章輸與低章，老手輸與新雀的事。

說這番話的朋友自然是一位麻將迷，麻將齡亦深，他認為搓麻將有似人生際遇的縮影。

這位朋友可能近期常常輸錢，所以有這樣的感慨。

其實，運氣之事肯定是有的，豈止搓麻將而已？只是運氣之來與去，一般人不易捉摸得到，但卻又像冥冥中有個主宰似的。

如果你既懂得術數，不管是哪一門，如紫微斗數或子平命理等，如果你又同時懂得風水的話，你更會奇怪有許多事似是注定了和有人指使的，說來真是有點玄之又玄。

既懂術數又懂風水的朋友，一定會經常發現一個人在走運之時，他會很自然的住進一些甚好風水的住宅；相反的在他失運之時，縱使本來的住宅風水不錯，但附近因有新屋興建，或興建天橋等等建築工程而把風水破壞了的。總之一切好像配合得無瑕和好像幕後有人主使那樣。

信鬼神的便說這是神差鬼遣，信命運的便說這是命運使然，但同樣的具有一份無奈的感慨！

富貴不偶生

我曾經在中文大學、香港北區獅子會、屋宇經理學會先後發表過有關中國術數的演講，每次演講完畢，我都留下相當充裕的時間讓聽講者發問。

而在上述三次的演講中，都有人提出相同的問題，那就是「同一時間出生的人，他們的命運是否相同」？

不懂術數的人提出這問題，是很應該的。但曾有業術數的人，也提出同樣的問題，就不免自暴其短了！

凡真正去鑽研過術數的人，都應知道有所謂「富貴不偶生」的現象，那就是說大富大貴之命極少有相同的。而中等階級的命，有相同的絕不出奇，而他們的收入與際遇也相似。

在任何一個社會，極富極貴的人都少，而中等階層的人最多，同時極貧賤的也少，這是一個很自然的現象。

甚至大自然中也可這樣說，獅虎的數目是較少的，其他一般的動物就較多。虛言某極富極貴之人，與他同時間出生的人不少，這純是出自臆測與假設而已。而事實，雖說每天都有人出生，但卻並非每天每個時辰都有人出生的。

記得在一九六一年壬寅年，有一個極吉的日子與時辰，排起八字來是壬寅、壬寅、壬寅、壬寅。四柱完全相同，是為「天元一氣，地物相同」。是十分清貴之命。

一位業醫生而略懂術數的朋友就告訴我，當日他曾好奇的問過不少負責產房的朋友，在那個時間內，香港竟然沒有人出生，而上下差距多少者就有，這就已經是「富貴不偶生」的一個很好的例證。至於是否香港的風水，只能出富有之命而難出極清貴之命，那是另一回事了！

一分耕耘，一分收穫？

台灣出版的《光華雜誌》某一期，有一篇題為〈風水？風水？〉的文章，詳論台灣風水學之流行，並說有建築師也去研習風水。

該篇文章有一段寫得甚為精彩的，忍不住做一下文抄公，該文說：「在人的一生際遇中，不可預期的終竟比計劃做成的要多；年輕時篤信『種瓜得瓜，種豆得豆』，等到經歷世事，才明白『一分耕耘』，其實未必能有『一分收穫』，這時候的失落感，恐怕也只有超人力的力量，能夠安撫了。」

事實上，在一個人經過了風霜之後，都會體會到所謂「一分耕耘，一分收穫」，不過是黽勉後輩的說話。在人生的過程中，如果做每一件事都是「一分耕耘，一分收穫」，已經可以說是幸運兒了。

在「星家六戒」中的第一戒是「不誠不推」，是說別人沒有誠意邀你算命時，切不可替他算。想深一層就知道這並非「星家」的崖岸自高，因為所謂「知命」其實有兩種情形，一種是「趨吉避凶」，而另一種則是「只知耕耘，不問收穫」。

所以我在《紫微閒話》中也這樣寫過，「至於從不算命的人，能夠勤勤儉儉，不怨天、不尤人，得失不看得太重，倒不失為快樂人。」而這種人就是屬於後者「只知耕耘，不問收穫」的人。而福氣也就存在樂天的性格之中。

在紫微斗數中，破軍化祿守命，貪狼化忌守事業宮的人，多少就有上述的現象，只是他會得到較多突然的機遇作為補償。這種人有一種很奇怪的現象，那就是無論做任何事，計劃得愈周詳的，往往愈是失敗；而無意的去做一件事，卻又往往「無心插柳柳成蔭」。這本來是極不合理和不合邏輯的事，但不少人的際遇就是如此，實在沒有話說，在一份濃厚的無奈感中，只有說這就是「命運」了。

再回頭走同樣的步伐

早前有一個晚上與幾位朋友聊天，可能由於朋友認為我是懂得術數的人，大家的話題不免就繞着「命運」上轉。

其中一位朋友，十分相信「命運」這回事的，他提出的觀點，頗值一記。

這位朋友在事業上，已算是有成就的人，他說自己在過去數年，雖然是算得一帆風順，但其中有些過程，回憶起來也是頗為曲折的，而自己能順利度過，多少都靠點運氣。

他最精警的說話是，假如時光倒流，自己回到數年前，若要以同樣的步伐走回過去同樣的路程，相信亦無法做到。

主要的原因是因為其中有些關鍵之處，或自己順利度過的一些危機，並不是自己刻意去安排解決了的。他覺得一個人只要不自大，細心的回憶一下過往的歷程，會發現很多地方的成功，其中不少是帶着有運氣的成份的。

同樣的理由，一個人的失敗，很多時亦未必是低能所致，很多外來的因素，足以使一個極精明的人氣結。此所以才不少人相信，一切都是：「謀事在人，成事在天」！

這些說話，說起來似乎有點消極，但卻存在有一定的道理，而且還有一點好處是，使成功的人，不會過度的妄自尊大，目空一切。

年輕人不信命運，以為命運是掌握在自己手中，這倒沒有甚麼問題，因為他們的經歷尚淺，而且有的是時間。

但人到中年以後，如果仍橫衝直撞，目空一切，認為命運是掌握在自己的手中，那麼，必然有以下的情況：

（一）他的成就本來就不大。

（二）危險的訊號已在眼前，只是他看不見而已！

世事無十拿九穩

很多時賽馬，都會大爆冷門，接着一連幾天就成為市民茶餘飯後的談資。如早年曾試過六環彩中頭五場算中，派彩五百餘萬，孖Q也派百餘萬等。

特別使人談論的，多年前某次馬王「你知幾時」三甲不入，確非一般人事先所能估計到者。

在那次馬王「你知幾時」跑第四之後，我真的希望不要引致有人輸掉了性命。這並不是我危言聳聽，而是有事實根據的。過去，就曾有人用巨額公款來投注當年馬王的身上，而且是投注位置。結果，馬王鎩羽而回，投注的馬迷卻連性命也輸掉，畏罪而跳樓自殺。

投注馬王的位置，看來應是十拿九穩的投注。但世事難測，陰溝裏翻船的事多的是，這才使人相信有運氣這回事，一得一失，莫不有數。

「命裏有時終須有，命裏無時莫強求」，這兩句說話，雖然老套，也帶有很重的迷信成份。但也有它的好處，因為如果你信一個人的貧富，很多時都與命運有關的話，不太強求，安安份份的去工作，則這兩句說話無形中就把你帶上幸福之路，摒除了很多不滿現實的煩惱。環境好的時候固然開心，環境不好時也不致鋌而走險。

以我個人意見，我常認為徹底反對宿命論的人，如果一旦際遇不佳的話，處事會較為霸氣和棘手，原因就是他們無所顧忌。

過分迷信當然不好，這似是層層的束縛，但完全否定因果，則又變成無所顧忌。這其間能調適得好，不必懂得術數，也知道你是一個具有夙慧之人！

知命的關鍵

在街頭的報攤上，見到有不少的「流年運程」的書，已知今年將盡，新的一年就快要來臨了。

這些書籍之推出，就是覷準了許多人的心理，都想知道一下新的一年的運程。

希望預知吉凶的人，多有這樣的理論：知道好運之來，固然可喜；如果不幸知道是惡運的話，也好有一個心理準備或者多作防範。

他們且舉例說，這相似於我們關心天氣預測，天氣好的話固然開心；相反的如果知道有暴風雨來臨，我們事先能有防範措施，無論如何也可減輕損失。

這個理論是通的，有一年年底時有一位朋友，紫微斗數算出他當年文昌星化忌在事業宮，通常在這種情形下，表示會容易遇到別人承諾而不兌現的事，並且包括容易收到空頭支票。這位朋友的生意做得很大，日中支票往來又多，結果他就在這方面加強防範，結果雖然仍「中伏」，但損失就實在減少了許多了。

也有人認為不必問運程，總之一切自己小心為是。勝不驕、敗不餒，這種人成功的機會自然較高，就算在逆運中，也較容易打發過去。所以，他們確實是，對運程知與不知，關係也不很大，因為他們是常在警惕之中。

但有些人，既不信運程，也無警惕之心，小有所得，即不可一世，縱使你不明白「驕兵必敗」的道理，也可感覺到他們的成就，相似於剎那間的閃光而已，過後的寂寞漆黑，將會極為悠長而難耐！

是信有命運好還是不信有命運好？雖然這事一直都有爭議，但信命運就是代表具有警惕之心的話，結論如何，也不必我下了！

是巧合還是天意？

在這世界中，是否真的冥冥中有個主宰？

如果你懂得紫微斗數兼懂玄空學（即風水學）的話，很多事情之出現會使你感到十分奇怪，說它是巧合吧，那會有如此多巧合之理！

在七運期間某年，發生在我一位好朋友身上之事，既使我氣結，同時也感到真的人力是無法勝天的。

這位朋友的星盤，在當年，踏入農曆十月之後，是有很大可能會招惹官非的。而他居室的風水，我也是熟悉的，是為六運樓亥巳向雙星到後之住宅，走離宮門，是為三九到門，當年十月十七日大雪之後，月令飛星再有三碧到門。加上離宮氣動，便須特別注意。

這位朋友是既略懂斗數也略識風水的，在他知道自己星盤有這種事後，便十分留意去解拆上述的問題。離宮門的問題解決後他便以為可以安枕無憂了。

不料在十月十七日之後，他果然惹上了一宗小官非。

是為紫微斗數應驗了，但他在風水上是否解拆無方呢？

奇怪的地方就在這裏，據這位朋友對我說，在十月十七日大雪之後，住宅的乾方有一酒家，突然加高了煙囪，由於乾方雙六同到，而官非就由此而來。

至於這個官非如何惹來，據朋友的解釋，也與玄空學上的道理十分吻合。

朋友到了解這事後，當然急急解拆，雖然大事化小，但斗數與風水卻同告應驗。只是風水上之應驗，卻好像冥冥中有人在播弄，使之配合一個人的命運那樣。近似這類的事例我見過不少，說它是巧合，我就覺得十分難以解釋。

幻是真、真是幻

幻是真，而真卻又是幻，說來似乎很玄。

人生經驗豐富的人，很多時都有這樣的慨嘆。

對於鑽研術數的人，在這方面應有更深的體驗。

不論你是研究「子平」者也好，「斗數」者也好，很多時在看一個「八字」或一個「命盤」時，表面看來如此，但只要深入分析，則每每又是另一回事。

這還可以說是因為「玄機深藏」！

如果你在玄空學上有一定的修養的話，對於「幻是真，而真卻又是幻」，會有更大的感慨！

舉例來說，香港不少的大廈，是多層和多單位的，它各自單位的立向，就很多時出現所謂「幻是真，而真卻又是幻」的道理了。

明明是向東，甚至以羅盤定了向，是庚甲或酉卯或辛乙，都可能全然不以之作為數據。

向東的地方，以玄空來說，可能看作是東北，也可能看作其他方位，這在單位甚多的大廈內，很多時都會出現的問題。

要好好的解釋，必須牽涉及許多玄空的道理和專門的名詞，並非一般讀者可以了解。

但可以明白的一點是，你以為它是向東，其實它真正的意義和實質，卻是屬於另一個方位。

疑幻疑真，幻是真，而真卻又是幻，對玄空學有研究的人，固然多能領略，但慧根極厚、閱歷甚豐的人，很多時雖對術數一無所知，亦每知世事確有這種境界！

天意與機會

林燕妮小姐多年前在她的報章專欄上，有一篇談及「機會」及「命運」的文章，頗有見地。

她說：「我相信人可以應付命運，卻不可以控制命運……我常覺得，人可以努力到九成九，但是最後那一分，還是天意，成敗居然常繫於此。然而，天意既不可知，便唯有做自己那九成九。不相信人可以創造機會，機會沒有時就是沒有，人可以做到的，是把握機會，機會一掠過身邊時便眼明手快的抓住，所以說機不可失。」

林小姐以一個不懂術數的人能說出這番話，顯示出她的夙慧極高。

至於天意是否真的如此不可知，對術數有研究的人自然予以否定。

我在《天綱搜奇錄》的序言中，就說明一個人、一個家族或者一個國家，在一段長時間裏，必有興衰。而在不同的興衰過程中，就顯現出不同的軌跡。既有軌跡，就自然有人認為應該有一個方法可以把它計算出來。

能預知一個人升沉的軌跡，也就相等於預知天意如何。

業術數者在這方面分為兩派，有人認為能預知又怎樣，人力能予以改變的程度是十分微小的，另一派則認為憑風水的助力，可予改變。

但不論如何，我認為能「眼明手快抓住機會」，其中已牽涉及運氣在內，如果沒有運氣的話，縱使每天有無數「機會」在你身邊掠過，你也可以一無所得。

主張人應該把握機會，這點我是同意的，只是既然認為天意不可測，就不能把得失看得太重。不怨天、不尤人，盡自己力去做，不必算命，也會是個快樂人。

物競天擇，天意存焉

記得在《紫微閒話》中，有一篇文章的結尾我是這樣寫的：天意如此，有甚麼好說！

不少朋友問過我，「天意」是否果有這回事；如果真是有「天意」這回事，這宇宙豈非必定有神和有主宰？

是否有神和有主宰，在一切都講究科學鑑證的年代，應由各人自己去判斷。

但，對天文和自然界生物有興趣的人，細心觀察，冷靜的去思考，很多時都會覺得宇宙間和地球上的一切，都好像有主宰之神存焉。舉例來說，自然界的物競天擇，是誰人的決定？低等動物或傷亡率高的動物，其繁殖力必強，這又是甚麼因素促成？還有不少缺乏禦敵能力的小動物，都本能地出現有「保護色」，這又是誰人的主意？動植物能憑藉遺傳密碼，一代一代的傳下去，已是十分奇妙的事。更何況有一些動物，出生後死亡率奇高的，牠們繁殖下一代時，每有驚人的繁殖力；如有些魚類，每次可生產萬千條的幼魚，縱使死亡率甚高，然必有漏網而可以免致滅種。

試想想如果高等動物如獅虎等有這樣的繁殖力，那還得了！

宇宙間星辰之井然有序，自然界的生態平衡，每次自己在陷入深思的時候，都感到如果沒有「天意」這回事，那麼，可以有些甚麼的解釋呢？

朋友認為我是鑽研術數的人，對神秘學的東西感到特殊興趣，然後有這個想法。

當然，我在這方面可能特殊的敏感，只是我認為，縱使是從不信命也不知術數為何物的人，只要在人生中走過了一個階段之後，不管是否經過風霜，都會感到很多事是有「天意」存在的。

氣數長短，天命所限

有不懂風水而反風水的人說，風水如能長保一個人的富貴，那麼以前的皇朝，都不會敗落了。他們所持的理由是，以前的皇帝，都有所謂國師的人物，集全國風水精英於一堂，無論皇墳、宮室，都會選擇最好風水的，那麼皇朝為甚麼還會有沒落的一天呢？

這話聽來似乎有理，但說這話的人顯然是對風水學一無所知的。

廣東人有所謂「風水輪流轉」這句說話，是說明風水是會變的，而風水學所謂「三元九運」，就是說在一百八十年之內，地運會作九次的轉變。

在房屋的設計上，風水學上有所謂「三元不替」，已是十分了不起的事，也就是說風水能在一百八十年都能維持。

但世上任何事情，都似乎有一個極限，而在一個皇朝或一個家族，甚至個人，這個極限在術數裏，就是說「天命所限」。

舉個例來說，如果你說醫生既然會醫人，那麼就不應該有人死亡了，那就是醫生沒有用。這話說得通嗎？明理的人都知道這是十分荒謬的說話。

同樣的，每一個皇朝，都有它的氣數，在氣數已盡的時候，是任何人都無法挽回的。相等於一個人在油盡燈枯之時，縱使有世界一流的名醫會診，也是於事無補的。

一個人的氣脈會隨年歲的增長而衰弱，到了一個極限就無人能挽救。

山川河流、巒頭理氣，也會隨着歲月而改變，同樣是無人能予以挽回的。會看指南針的朋友都會知道，在三百六十度之後，再過去就是零度了。相等於到了極限之後，一切灰飛煙滅，又再重新來一個開始。

世事也如此，盛極必衰。所以居安思危才成為至理的格言。

第三章

處世之道

體用並重

清末民初，中國國勢積弱之時，不少人鼓吹改革，實行「中學為體，西學為用」。

而在《易經》的卦理中，亦有所謂「先天卦為體，後天卦為用」之說。到近年，我才發現原來有不少人一直不知何謂「體」，何謂「用」。

在風水學上，有所謂「巒頭不真，理氣亦假」之說，其實這是非常清楚的說明了必須「體用並重」。因為「巒頭可以看作是體，而理氣就是用」。

年前有一位略懂風水的朋友，有一天突然跑來對我說，他找到九龍某處山上有幾棟屋苑，是屬於坐丑向未的，時值八運，買下來重建應很理想，力邀我去看一下。到達該處山頭，見有一列的房子，確是坐丑向未，七運建成。

但我一看，就非常不喜歡，勸他不要買，放棄算了。朋友奇而問我何解。

我很坦白的說，該列房子剛好建在山脊上，前面雖夠開揚，但後面不單無靠山，且山勢後垂。所以，該列房子說是七運建成屬雙星到向之局，但我認為因為山星下水，住的人一定有問題。

結果一查之下，才知道該列房子原屬某富商的，但該名富商入住後，生意就兵敗如山倒。

我對朋友說，把該列房子改作八運亦無用，就是因為巒頭不佳，理氣亦無用。巒頭為體，理氣為用，兩者必須並重。

我再三向他解釋，這似一個病入膏肓之人，你去教他游泳健身，他能做到嗎？有用嗎？

這就清楚的說明體用必須並重，而學風水，亦必須懂得這點，對巒頭與理氣都要有一定認識與修為，那才有機會成家！

對算命的「偏見」

熟悉我的朋友，都知道我最不喜歡替嬰兒或年紀太輕的人算命。

理由是嬰兒或年紀太輕的人，過去的時間太少，亦無甚麼經歷。替他們算命的話，只能盡說將來如何如何，是否準確要等待相當長的時間才能驗證。譬如剛出生的嬰兒，你說他三十歲如何，四十歲又如何，那就要等三十年和四十年才知道你的話是否準確。

如果自己是職業命理家，以賺錢為目的，那倒無所謂。但自己純為了興趣偶爾替朋友算命，遇到這種情形，就覺得完全沒有挑戰性。

相反的如果一個人已經五十歲，你說他三十歲時如何，四十歲時又如何，馬上就可知道是否準確，既有挑戰性，而算得準的話，更有一份滿足感。

早前居所隔壁的一位太太，剛誕下了一位千金，她知道我懂術數，便過來央我替她的女兒算命，結果自然是被我婉拒了。理由就如上述。

同時我還有一點感覺，做父母的實在無必要太早知道兒女的命運如何，以免影響心理。

父母之恩，其偉大之處是不管兒女是否成材，或者是個有出息或沒出息的人物，同樣是呵護備至，所謂「提攜捧負，畏其不壽」。

如果認為兒女必定成材然後悉心教養，認為兒女沒出息便棄如敝屣，這不僅違反了人性，也違反了高等動物的天性！

所謂「癩痢頭兒子都是自己的好」，這樣的父母才有意思。

雖然，希望早點知道兒女命運的人，未必存有功利的思想。但我還是認為不算的好，特別是孩子還在襁褓時期。這可能是我的「偏見」，但我相信沒有人能把我這個「偏見」改變過來！

朝乾夕惕

多年前《人民日報》海外版，有一篇簡介基本法諮委會工作進展的文章，題為「『以朝乾夕惕』的態度從事史無前例的工作」。

當年諮委會秘書長毛鈞年用了《易經》中的「君子終日乾乾，夕惕若，厲，無咎」，作為對記者的答覆。

這是《易經》中乾卦九三的爻詞，一般讀者未必明白其含意，所以覺得可以引申解釋。

乾乾者，勤勉努力也。惕者，警惕也。厲者，危也。

全句的意思是君子晝則勤勤勉勉，夜則警惕，雖處危險境地，亦無災咎。

「害生於不備」，多所警惕，當然是好事。

但我以為毛鈞年引用這段《易經》，可能還有另一含意。但純是猜測而已，亦可能是過於敏感。

因為論卦，有世必有應，若九三爻為世，則上九爻即為應爻。

乾卦的上九為：亢龍，有悔。

極高曰亢，亢龍者，飛出天空極高處之龍，《易經》以之警惕居極高位的統治者，不可驕傲自滿，脱離臣民，否則必然有悔。

若真的有此暗喻，則頗不錯，只是警句用得過於轉彎抹角而已。

其實，不要説起草基本法，就算做任何事情，採取「朝乾夕惕」的態度，總是穩健的上着。

風水講究積德

要享受到好的風水，必須講究積德，這是千真萬確的事。特別是相信術數和鑽研玄空學的人，是沒有人相信人力可以勝天的。

在一個晚宴上，幾位懂術數的朋友，也曾以此為話題，其中一位朋友說的一番話，值得我們深思，同時對鑽研玄空學的人，也會有所啓發。

據這位朋友說，香港人急功近利，對玄空學很多時本末倒置，不少人全力的去尋求風水好屋，但卻不顧積德之事，結果縱有風水名師，亦無法竟全功。

他認為風水之庇護力量，必有一個限度，是為天意。

舉例來說，如果有人請風水名家找到一間好屋，並不表示他可以在那間屋內為非作歹也不會出事或惹官非。

如果是這樣的話，那麼印製偽鈔者、藏毒者，豈不是都可以借助風水之力而免犯官非？

為甚麼作奸犯科者不能藉風水力量之庇護呢？

理由是，風水講究積德，而作奸犯科是損德之事，在講究積德才有效的事情上去損德，是為本末倒置。

所以，作奸犯科的人，縱使找到風水極佳的好屋，如果繼續作奸犯科的話，風水也會變的。有關這類的故事，在風水的古籍上也載有不少，而鑽研風水學的人和真正懂得風水學的人，都深信積德之事，不是無因的！

甘節吉、苦節凶

新春假期，夜裏重讀《易經》，覺得這本被人稱為「卜筮之書」的書籍，確實蘊藏着古人深厚的智慧。

讀到「水澤節」卦時，對着「甘節吉、苦節凶」這幾個字，確實有着無限的感想。

在過去，一直把「節」字看作節儉解，在《紫微閒話》中我也曾這樣寫過，「一個人能甘於節儉即吉，若以節儉為苦事則凶矣」。

其實，這個「節」字未必一定作節儉解，廣義點來說，也有節制自己的意思。

一個人在名利或某些慾望高張的時候，最容易做出一些狂莽的行為。在這個時候，對自己能有所節制就成為十分重要之事。

記得一位十分愛玩跑車的朋友説過，無論是一架如何名貴的車子，假如是剎掣失靈的話，那就等於廢物了，有誰夠膽駕一部沒有剎掣的車子上街呢？

這其中自然亦含着「節制」的意義。成功之路每是遙遠，而且多時會經過很多險阻或關卡之類。橫衝直撞的車子，就等於一個毫無節制的人，只有闖禍的份兒，無論他多幸運，看來也是與成功二字絕緣的。

眼看今日的香港，新一代的人對社會價值觀有頗大的改變，其中就出現不少在生活上漫無節制的少男少女！

你可以不懂任何術數，也不必為他們算命，就幾乎已可肯定他們是悲劇人物。理由是，他們必會闖禍，只是時間問題和闖的禍是大是小而已！

「甘節吉、苦節凶」，確是有它的真理存在的。

未雨綢繆的保護力

中國人所說的「福無雙至，禍不單行」，如果你是懂術數的話，很多時都不免會有這個感慨。

以紫微斗數而言，十年為一個大限，極少人是連續幾個大限都甚好的，能有兩個連續美好的大限，已經甚為了不起了。最常見的情況是「梅花間竹」，一個大限好，一個大限壞。

但縱使是在好的大限中，還要看流年是否有助，如果遇到破壞性的流年的話，那麼，即使在美好的大限中，也會打一個很大的折扣。

而在壞的大限時，情況也一樣，未必十年盡是壞的，遇到好的流年之時，壞的情況會減輕許多。

所以說，不管是好的大限還是壞的大限，也極少是十年全美或十年全壞的，其中必有起落，問題是它的起落會有一個上限和下限，然後可以說那個大限是好的大限，這是壞的大限；是好的十年還是壞的十年。

記得年輕時，長輩常對我們說，一個人必須多為未來打算，「未雨綢繆」。那個時候，未經歷練，自然不知道其真意所在和它的重要性。

到現在，離開學校在社會上謀生了數十年，亦在術數上做了一番的功夫，看自己的際遇和別人的際遇，深深感到「未雨綢繆」這四個字，實在是前人積聚下來的經驗，是一種應付人生起落無常的大智慧。

因為儘管在極好的大限中，有時也免不了會遇到較差之流年。能早有防範，未雨綢繆，自可減低壞流年的衝擊力，維持在極好大限中之最大收成。而對應付壞的大限，則它能發揮更大的保護力。「宜未雨綢繆，毋臨渴掘井」，不管你信命與否，是放諸四海而皆準的保護自己的良方。

求神祈福，尋求新希望

每年在歲首之際，不少人都希望知道一下自己新一年的運氣如何。所以每年歲首，都是算命先生的黃金時間。

除此之外，不少人為了新的一年好景，更有到廟宇祈福之舉。而黃大仙是熱門的地點，每年新春時間也人山人海。

我並不是因為自己懂得術數和相信命運之事，所以才在術數被人攻擊為迷信時出而辯護，好像是替以此為業者說話那樣。

我是覺得每個人總應有個希望，生活才會更積極。所以對於朋友每年去問新一年的運程和到廟宇去祈福，我覺得他們無異於去尋求新的希望，希望新的一年會更好。

我覺得一個人在有他的希望之時，決不會如一些攻擊迷信的人所說，袖手的去等待好運的來臨；相反的，由於他們希望自己的願望能得到實現，會更積極的去營謀。

香港信命運的人極多，但香港人的積極與勤力是世界著名的。

在香港，我認識不少生意做得很大的朋友，說到魄力，已是第一流，但他們同樣相信一個人是有命運之事，也喜在歲首去問卜和祈福。在他們來說，除了是要知新的一年的運程和找尋新的希望之外，由於他們本身已有成就，是為既得利益者，就在求神問卜之中加強自己警惕之心。

而他們之中，不少能做到「不驕不躁」，我更認為除了這是關乎個人的修養之外，他們信命亦是原因之一。

怪論式的宿命論

記得多年前在一次的夜馬賽後，與幾位朋友一同到夜店宵夜，其中一位頗為迷信的朋友說：「今晚六環彩只派二百餘元，我好彩第三場買『夠膽』跑第三，不中，否則就認真激氣。」

同席的其他朋友聽着這番說話，神情都有點愕然，更有人以為自己耳朵有毛病，聽錯了說話。

雖然說六環彩開出大熱門，派彩只有二百餘元，但中彩總勝於不中吧！嫌錢腥乎？

在各人紛問有甚麼道理是「不中」勝於「中彩」時，這位迷信的朋友才好整以暇的說：「每個人一生中可以中多少次六環彩，是命中注定的，假如說你一生中只能中兩次六環彩吧，那麼中這些二三百元派彩的，豈非浪費了機會？所以我說好彩這次不中，留機會來中一些派彩驚人的六環彩，那麼中它一兩次也很不俗了！」

他這番話使到同席各人笑得前仰後翻，是近乎怪論的宿命論。

在大家笑完之後，不料竟有一位朋友十分認真的問我，在術數中是否真有規定一個人一生中有多少次中彩的機會。

術數中當然並無這樣的規定，那是朋友開玩笑與胡謅而已！

不過我卻認為有這種怪論式的宿命論的人，倒不失為快樂人，起碼減少了許多激氣之事。

好像上述那位朋友，六環彩只斷一場，而且還是跑第三的，本來是激氣的事，卻給他那種怪論式的宿命論化為開心之事，亦云妙矣！

世上阿Q不少，若論樂觀，則這位迷信的阿Q倒有一手。而這樣的迷信，不但無傷大雅，而且使人開懷，着實不錯。

閒話「平常心」

偶然聽到一些啓發性的說話，使人陷入深思，從而悟到一些東西，相信許多人都嘗試過。雖然這並不是甚麼大徹大悟，參透世情，但了解一些人生的道理，總是好事。

早年，圍棋高手吳清源先生談及「平常心」的一番話，有很高的哲理存在，他說：「贏輸是平常事，照樣努力便成，不同的花有不同的開花時間，開花的時間不知，裏頭有開花的實力，有開花的時機就行。」他的意思是一個人要有所謂「平常心」，凡事看得平常點，隨遇而安，人生的煩惱自然也隨着減少。

這確是至理名言，對花開花落，能看得平常，人也會豁達許多。

在娛樂圈中，過去有紅極一時的女明星，在環境稍為不如意時，就實行自毀，以自殺了結一生，就是過分的重視得失，過分重視花開的時間，無法忍受鋒芒之漸退，實在是欠缺一顆「平常心」所致！

有「平常心」，把得失看得平常，並非出世的思想，相反的是一種冷靜的積極手段，心中無塵，思想的領域自然擴闊，不介意眼前的得失與是非恩怨，自然是邁向另一高峰的最鞏固的踏腳石。縱使攀向另一高峰失敗，但由於有「平常心」，當然不會耿耿於懷。而冷靜的分析和籌劃另一次的行動，其動力就無形中是出自「平常心」。「平常心」這東西是使人在失敗時減少打擊，在成功時不致過於自滿，從而得到更美滿的人生，實在是值得我們學習的。

見過有不少人，偶有所得則沾沾自喜；偶有所失則愁眉苦臉，他們最需要的，看來就是「平常心」了！

厚德載福，和氣致祥

曾有略懂紫微斗數的朋友問我：「紫微星與天府星分屬南北斗第一星，到底是哪一顆星守命為佳？」

答案當然不能單憑紫微星守命或天府星守命來評高低，必須整個格局而論。但如果格局級數相近，那麼我就寧取天府星而不取紫微星。

天府星在好的宮度，性情忠厚，更擅於排難解紛，具有「和氣致祥」的味道，因而每多福厚。紫微星不論在任何宮度，多少都有自以為是、個性偏激的傾向。既欠缺「中庸之道」，也易脾氣暴躁。

在遇到壞的大限之時，以兩者都懂術數而論，天府星守命者可以作很好的迴避和修持，從而把惡運的影響減低。而紫微星守命則未必能做到這點。

舉例來說遇到是非多多的宮限，天府星守命的人可以真正檢討自己的言行，以減低遭受是非的影響。

但紫微星守命的人就肯定無法做到這點，如果原天盤欠缺吉星拱照或在天羅地網宮的話，很多時還故意去製造一些是非；或者為了自己的一點點利益去製造是非，然後說自己的命運就是如此，把所有責任推在命運身上或別人身上，少有檢討自己的言行。

真正懂術數的人應該明白，每個人的運程必有起伏，好運之時不宜過於驕妄，惡運之時也不必過於頹喪。

所以我常認為，要「趨吉避凶」，懂得斗數和知道天機所在的人未必能夠做得到。反而一些不懂術數的人，他們能明白「厚德載福，和氣致祥」這道理，反而會在不知不覺中達到「趨吉避凶」的一個頗高的境界！

安詳之所以為福

「安祥」與「暴躁」，可說是兩項極端的表現。凡鑽研術數或擅於觀人的人都會知道，前者是代表福氣，而後者則代表失敗。

早前在馬場，聽一位有多年賭馬心得的朋友說，凡屬上駟的名駒，舉止必定甚為安詳，信步走來，不火不躁，但一些劣駟，必定暴躁，也多具有怪脾氣。

這位朋友說的是分辨名駒的方法，但卻引起了我一陣子的遐想——馬是畜牲，竟然同樣有性格可以左右本身成就的情況，也可說是命運。

上了年紀的人，不必懂得術數，大多聽過前人所說的一句俗語和它的涵意，那就是說「人搖福薄，樹搖葉落」。

這句話，據估計應是源出於一些擅於觀人者的心得，觀察和分析人的動態而得出來的結論，與迷信完全扯不上關係，與前述朋友觀察馬匹的情況一樣，是憑經驗得來的知識。

從邏輯的分析，一個安詳的人，足以做到「靜而慮，慮而得」，相反的甚麼事都「火遮眼」的人，既容易闖禍，也容易把禍愈闖愈大，以至不可收拾。

一得一失，雖說有命運的安排，但與性格又何嘗沒有關係？古人講究「修身」，其理亦在此。

懂得上述道理的人，從而加強修養，固然甚好，即使不明白上述道理，但相信「人搖」與「暴躁」，在相學上是一個缺點而進行修養，自也不錯。怕的就是甚麼都不信的人，我行我素，到了一把年紀，「覺今是而昨非」時，只能換來後悔和只有自己才聽到的嘆息而已！

得失原有數，何必苦強求

《阿信的故事》的主題曲，其中一句的歌詞是「關注共愛不可強求」，大家都會十分熟悉。其實人的一生，何止「愛」不可強求！

早前因為埋首寫《清室氣數錄》，翻讀了相當多有關清朝的正史和野史。而野史雖然其中不少屬於「揭秘」之作，但亦有趣味盎然的。

其中有一段載於清代的野史中者，在《天網搜奇錄》中我簡單提過的，清楚的說明一個人其實是甚麼事都不可強求的。

話說在乾隆年間，有一姓孟者與友同上京考試。一日，閒來無聊，與友到某廟宇遊玩，見廟前有一測字檔，測字者方在品茗，茶滴於桌上，孟某上前以茶在桌上寫一「因」字，要測字者測一下他這次考試是否可以高中。測字者稍一思索，即曰：「此為國中一人之象，君必可居榜首。」

這時孟某旁邊的友人見此，躍躍欲試，隨即曰：「我亦以此『因』字求君一測。」測字者徐徐說：「君此科恐無分矣，以後如有恩科，或有機會，因剛才那位先生寫的『因』字是無心寫的，而你寫這個『因』字是有心寫的，所以應作『恩』字看也。」旁又有一友見此，以手執之扇拍桌曰：「我亦以此『因』字，煩君一測。」測字者斂眉蹙然曰：「君之扇適加於『因』字正中，變成『困』字了，有『困』之象，恐怕功名難得矣！」

其後三人果如測字者所言，姓孟者該科即高中，其友則恩科方中，另一人則始終無法得到功名。

測字雖屬小道，然亦不可強求至此，人生還有甚麼可以強求得到的？所以說，能隨遇而安，方是最大福氣。

退一步海闊天空

從紫微斗數的星盤中，很多時你會發現其中存有頗多的哲理，我在《紫微閒話》中也寫過不少。

而且我特別覺得，從紫微斗數的起例與四化中，就有很強烈的「天道損盈以益謙」的道理，如「月朗天門」的格局，遇到化忌卻也相當不錯。

同是「月朗天門」的格局，我在《紫微閒話》中就提到，遇到丁年出生，太陰化祿以為是盡善盡美，不料就遇到巨門星化忌緊躡在福德宮裏，是為「滿招損」也！

如今同是「月朗天門」，但退一步，乙年出生，本身太陰化忌，卻獲得了天機星化祿、天梁星化權及祿存星等吉星拱照。

同時丁年出生的「月朗天門」，因為祿存星必在午宮，故起碼有擎羊星與陀羅星兩煞星拱照，而更隨時有三煞並照及四煞並照的機會。

而乙年出生的「月朗天門」，則因為祿存星在卯宮，起碼已無擎羊星與陀羅星兩煞的會照。

退一步，海闊天空，至理焉！

而紫微斗數的命盤，根據其規則，很多時都是無法盡善盡美的，亦人生必有缺陷的道理乎？

如天府星，能獲得日月夾拱的時候，必然是在未宮或丑宮，而這兩個宮度都是不可能有祿存星的，所以天府星若能與祿存星同宮相會，則必無日月夾拱。

天意如此，世人苛求、強求十全十美與盡善盡美者，是否有自尋煩惱之嫌！

無盡的愛

「無盡的愛」，相信是沐在愛河中男女最為憧憬之事。

有朋友說，「無盡的愛」，在今日的社會風氣中，已十分難求，而在舊日的社會中，反為常見！

我細心的思索，也覺得有道理。

現代的人，相愛時可以電光火石式的轉眼就愛得十分熾烈，在極快的時間到達沸騰點，隨着而來就化作水氣，消失在空氣中，過後如一場幻覺。

以前的人，社會風氣不若今日之開放，相愛時愛得較為含蓄，在「不盡」之處成為「無盡」。

古人說「福不可享盡，話不可說盡」，年輕時確實無法了解。

直到自己研習了術數，才領略到凡事在「不盡」之中，才是最為有福。

在子平命理中，祿位是取「臨官」之位而不取「帝旺」之位，就是不取其極，不取其盡的意思。

在紫微斗數中，太陽可喜的位置是在旭日東升之時，不取「日麗中天」也是不取其極的意思。

中國各門術數的思想，都有共通之處，都暗示有在「不盡」之中，最為有福的意思。花在含苞時最美，開得最燦爛最盡的時候，接着而來自是萎落塵間。

所以，「不盡」的哲理，實在是放諸四海而皆準的。甚至對錢財的處理上亦然，見過不少年輕人，甚至自己年輕時也一樣，錢財到手輒盡，結果苦惱就接着而來。能夠永遠保留一點點，快樂卻又在其中。

從「無盡的愛」扯到這裏，似乎太遠，但細心思索一下，不是也有關連之處？

盛極必衰、物極必反

某年，股市一日之間急瀉，恒生指數大跌四百餘點，交易所宣佈停止交易四天。這事就一度成為市民見面談話的主要話題。

從該次股市之暴跌，又一次證明「盛極必衰、物極必反」，永遠都是真理來的。

更無稽的是有人甚至放棄正業，全心全意的到金魚缸去炒股票。更有些從股票中得到利益的人，對從事一般的商業活動的朋友說：「還做甚麼生意？把生意賣予人去炒股票，不是可以賺得更多？」

的確，做正當的生意，所追逐的不過是蠅頭小利，能有百分之二十的利潤，已是上上大吉了。

但對炒股票者來說，怎會把百分之二十的利潤放在眼內？

在股票不斷上漲期間，就常聽見人說，股票每上升一個價位，自己的身家就增加了多少等的說話。

股市到達這樣的階段時，其實已處於十分危險的邊緣。只見不少人在勝利沖昏了頭腦時，就完全忘記了有「盛極必衰、物極必反」的道理存焉！

那年在股市氣勢如虹的時候，不少人大唱即破四千點，又有人說可破五千點，更有人說在甚麼時期內會到達一萬五千點時，只有冷靜的人，才會暗中的提防着「盛極必衰」。

精於術數的人，或者能計算到當年下半年股市有此一着，但頭腦冷靜的人，卻不一定輸與懂術數的人，可見一個人夠冷靜，永遠都是勝算較高的。

變幻才是永恒

一位在某大機構任職的朋友，早前與他午膳時，他慨嘆自己任職的公司，每到一段時間，就必有人事上或制度上的變化。

在每次的變化中，自然有人爭得新的利益，亦有人失去既得之利益。而我的這位朋友，個性較為保守，並非因為爭不到利益而感嘆，只是覺得一個人要過安定、無風無浪的生活着實不易。

他對我說：「我們公司雖說是大機構，但也不過是香港無數大公司中之一而已，尚且經常在變。但在香港前途的大問題中，卻說可以五十年不變。我實在有點不解！」

他說這話，多少是在試探我是否相信「五十年不變」這事。

所以我對他說，以紫微斗數的星盤來說，十年為一大限，在走完了一個大限之後進入另一個新的大限之時，實在是等於來一次極大的「物換星移」。

更何況除了大限之轉變外，還有流年、小限等的轉變。也就相等於說，一個人在出生以後，他是不斷的在蛻變還是向壞的方向轉變而已。除了紫微斗數外，其他各門的術數，在計算一個人的運程時，不也是隨着年紀運限等不斷的變？

記得早前香港流行過一首歌曲，其中有一句的歌詞好像是說「變幻才是永恆」，寫這句歌的人當明白人生的過程，基本上就是不斷在變。這是不必懂術數的人都知道的。五十年不變，大前提下的目標不變，可以相信，但小問題方面就值得懷疑了。

「變」與「不變」

有朋友問我，是否相信有「五十年不變」之事？

我的答覆是我不懂政治，有關政治上的五十年不變，我不願置評。

若從術數的角度上來說，這世上就沒有永恆不變之事。

五十年，以紫微斗數來看人生，已經是五個大限。若說有人五個大限的運程都是一樣的，那才叫人難以相信。多少總有點分別吧！

變，可以變好也可以變壞；但如果不變，則肯定會老化。

所以，在生物界中就有這樣的現象，為了延緩老化，所以要不斷的變。不少硬殼動物在生長過程中，不斷辛苦的換殼，一方面是繼續新陳代謝的長大，一方面也就延緩了老化。

許多大機構的成長過程中，同樣有出現如硬殼動物的退殼現象，縱使在變動的過程中會付出很大的代價，但為了使機構年輕化和不致老化，便也不得不如此！

而不少機構的老化，就是因為不懂得「變」。

只是懂得政治手段和較有人情味的老闆，在變的過程中，招來的衝擊和怨恨較少；而蠻強地進行變的老闆，則不單舊人懷恨，新人有遠見者亦會失信心。

在紫微斗數看人生，每個大限的推移，也是人在生命過程中的變，有人在變中得到無限好處，亦有人在變中吃盡苦頭。

所謂「五十年不變」，在理論上應是大範圍不變，但小範圍的變動應是難免的！

落葉歸根？

在朋友的郊野別墅裏，憑欄窗外，一陣風吹來，把樹葉吹得簌簌作響，隨着，幾塊樹葉向地上飄下去。

落葉歸根？要看情形而定了，在風靜下來的時候，這是很自然的趨勢。但何時有風，吹向甚麼地方，未必為人所知，落葉在這個時候，縱使有歸根的願望，看來也要嘆身不由己了！

一九九七之前，香港人的動態如何，是否也有身不由己之感？

以我自己來說，落葉歸根，看來不可能了，自己出娘胎後也從未回過家鄉。但我這生中曾經遊過很多個地方，最喜歡的是檳城。過去我就曾有這樣的願望，退休後到檳城養老，把自己畢生所學的術數，在那裏傳幾個門人，相信生活也會怡然自得。

我這個願望，與我相熟的朋友都是知道的。不料人算不如天算，就在一九八七年十一月相約幾個朋友準備去檳城遊覽和部署日後移民問題時，那裏發生了排華的事件。對檳城的觀感也跟着改變了。

在過去，家兄楊善深仍健在時，曾一再游說我退休後與他一同到加拿大去生活，當時我自己倒沒有聽進耳裏去。

到後來，他的說話似乎有力得多了，而且答應了他在一九八八年十月與他一起到加拿大幾個城市遊覽一下。

結果自己移居加拿大一段時間，但不久卻又回流香港。

看着落葉，似乎吹向東，轉瞬又向西飄去，人生與世事無常之嘆，豈止我有！

故鄉情懷日薄

上一輩的人，對於落葉歸根十分重視，如果算命的說他會「客死異鄉」，他就會覺得是十分遺憾的事。

于右任先生在台灣身故時，臨終前寫下對大陸故鄉懷念之極的詞句：「葬我於高山之上兮，望我故鄉。故鄉不可見兮，永不能忘。葬我於高山之上兮，望我大陸，大陸不可見兮，只見痛哭。」

上一輩的人，家鄉一切風物都是好的，所以，到老年的時候，每以不能落葉歸根為最大的遺憾。

從紫微斗數來說，一個人是否會「客死異鄉」很多時是可以算出來的。那是從遷移宮來判斷，如果遷移宮是廉貞星逢破軍、七殺、天刑、化忌星及大耗的話，就會「客死異鄉」。

只是「客死異鄉」是否屬於憾事，現在人的觀點已有很大的改變。

在過去，一些人到外國去謀生，到老年退休時，縱使賺不了多少錢，也拚命的想辦法回鄉去的。甚至有旅費不足者，同鄉也會設法湊錢讓他能回鄉去。而湊錢讓朋友或親戚回鄉的人，也認為是做了一件好事！

但到今天，不少人移民到外國去，都早已有終老異鄉的打算，特別是在香港出生的一代，他們對故鄉的認識既淺，自然談不上甚麼故鄉情懷。

所以，縱使他們算命時，算命的直說他會「客死異鄉」，他也不會覺得怎樣。

這是時代在改變，人的思想觀念也隨着改變的一個十分明顯的例子。而他們肯定不會如于右任先生那樣寫出「葬我於高山之上兮，望我故鄉……」，因為他們早已沒有故鄉情懷了！

清明節的重要意義

每年接近清明節掃墓的時候，很多朋友都曾經問過我，人死後到底是土葬好還是火葬好？以風水來說是否有所分別？

當然，在香港目前地狹人稠的環境下，大部份人去世後多採取火葬的方式，而且亦無甚其他選擇之餘地。

在我所讀過的風水書籍，固然有人反對火葬，亦有人贊成火葬。反對火葬者的理由則認為火葬之後，所出之後人性情會較為猛烈，如果再加上骨灰罎安放不得其法的話，會出現較為暴戾之人。

至於贊成火葬者則認為，火葬最重要在於清潔。而且土葬難覓風水吉地，地運經一段時間後也會改變，不若安置骨灰罎之靈位，選擇好的位置安放就可以了。

在我個人則認為，無論是土葬或火葬，最重要的還是一個人要有慎終追遠的思想。

一個絕不「念舊」的人，已經十分可怕，更何況對父母死後完全置之不顧、難得一祭的人？

風水學說靈驗程度如何姑且不論，而古人之選擇吉地安葬父母，使父母的骸骨入土為安，盡一點人子之孝思是沒有人敢說不是中國人傳統的美德的。

所以，在風水學說對土葬好還是火葬好有所爭持的時候，我覺得應該重視的，並不是哪一派學說的勝利，而是我們應該有「慎終追遠」的思想。

如果連這種思想也欠缺的話，如何期望去保持中國人「念舊」的美德？中國深厚的文化，也極可能由此而漸漸變質而推移，使人關切的，以這點為最重要！遠在於土葬好還是火葬好的爭持之上。

淵源、感情與親切感

大陸的簡體字，自己並非看不懂。但對大陸出版的簡體字書籍，總有份抗拒感。而這份抗拒感並非源於政治問題，或者反共的關係。

自少即愛讀歷史的書籍，多年前由於在寫《清室氣數錄》，翻看有關清代的歷史書籍更多，其中當然涉及十分多的野史或清人筆記等。

對於舊版或在香港、台灣等地出版的歷史書籍，每每手不釋卷，不知疲累。

但對大陸出版的歷史書籍，我同樣有看。如《清宮軼事》、《清季野史》、《清宮十三朝》等，因為是簡體字排印的關係，讀來總覺得欠缺一份親切感。

也許有人會説，這是因為你不熟悉簡體字的關係。但這個理由是不成立的，我因為職業的關係，看大陸出版刊物的機會並不少，簡體字並未有把我難倒。

我自己替自己解釋的理由是，我們自小接受教育之時，讀的都是繁體字。及長，在寫作方面用的也是繁體字。因此，繁體字對自己好像是很有淵源，很有感情和有一份濃厚的親切感。而這份感情和親切感是在讀英文報刊時無法找到的。此所以香港儘管不少人都懂英文，但他們仍然是喜歡看中文報章、中文的刊物。而簡體字雖然也是中文，是經過改革過的中文，面貌變了，就使我們失去了一份親切感。

這情況好比你熱愛着某一個人，不料他跑去整容，整容後容貌或比較未整容時更漂亮，但卻好像變作另外一個人，相處時雖然談吐未變，但親切感就多多少少會減低了。

人是感性的動物，親切感是久經相處培養得來的。中國人的老夫老妻，愛情昇華到親情之時，具有一份濃厚的親切感，那就是到了甚麼東西都無法替代的境地。

而我們對簡體字，並非不懂，但因為好像減少了一份親切感，讀書時的投入就打了個很大的折扣。這決非政治原因造成，可以知道！

虛榮心

我曾經寫過：「棉的種子，因為想傳播得遠而有絮，但又因絮太輕而致永遠漂泊。」一個朋友看了之後對我說，如果把棉子的絮，看作是一個人的虛榮心，那就更為貼切！

這位朋友對佛學很有研究，悟性亦高，經他一提，我也覺得甚有道理。

在紫微斗數中，有些人的星盤是很容易看出有好高騖遠的性格，若再加上特強的虛榮心，這種人跌入痛苦的深淵中的機會必然甚大。而其致此之源，就是虛榮心太強。

追求虛榮，甚似身帶輕絮的棉子落在潮流的風中，每每身不由己，以為可以到達自己的目標了，不期然轉瞬間一個突變又吹到別處，極難到達自己滿意的境地。

不少風塵女子，長時期在這種環境中打滾，一種漂泊感就油然而生！

女性之淪落風塵，固然可以在「紫微斗數」中看出來，而且十分清楚，可說是命運使然。但有這種命運的女性，每每有一種莫名其妙的虛榮心，或者不滿現實環境的心理，促使她們不甘於貧窮或者不甘於自己的美麗被埋沒；又或者不甘於戀愛的失敗和不甘於寂寞。這種種的心理，都促使她長出如棉子的輕絮，致使她在命運的漩渦中，隨風漂泊！

到自己痛苦於這種漂泊感時，自然希望落地生根，但虛榮心有像長在棉子上的輕絮，到頭來還是身不由己，繼續在風中漂泊、漂泊。

命運固然有，性格亦足以影響命運，但性格與命運卻每是臭味相投、相依為命的一對朋友，使人興起很大的無可奈何的感慨。

靜觀其變，沉着多福

在每年的歲首，凡對術數有興趣的人，都不免想知道從術數的角度裏去看新歲，會有些甚麼啓示。

自己在這方面也不能免俗，一九八八年（戊辰），便從「皇極經世」的值年卦，與憑立春日的四柱，經河洛理數演算為卦，細加推敲。

「皇極經世」當年戊辰年的值年卦為「山風蠱」卦，再以立春日為據，經河洛理數演算所得的卦為「風地觀」卦，上九爻變，可變為「水地比」卦，也可變作「地水師」卦。

從以上的卦再加上紫微斗數的推算，清楚的顯示當年的謠言、流言頗多。

由於「風地觀」卦變出的「水地比」卦或「地水師」卦，卦爻都是凶的，所以就有靜觀其變的啓示。對付謠言或流言，不可有太急速的反應，否則會有吃虧的可能。

紫微新詩

能多點忍耐，對謠言多加分析，才是趨吉避凶甚為有效的一着。

但能多點忍耐，靜觀其變，又往往與一個人的性格甚有關係。

有些人天性暴躁急進，失運時踏中陷阱的機會最大！

有些人天性沉着機智，雖在失運中，往往也可避免不少陷阱。

所以在紫微斗數中，一切主浮躁的星曜，都以凶星論。

在當年「風地觀」卦的啓示，對於一切突然而來的所謂「消息」，我們都應細加分析，靜觀其變，切忌迅速反應，那麼縱使有人蓄意佈置陷阱，但跌進去是我們的機會就不會太多！

煞星之稱豈是無因？

火星守命的人，在很多宮度，大多性急和有突發性的脾氣。

但火星之被稱為煞星，是否就是單純上述的兩項原因呢？

性急，很多時來說是壞事之源！為了急於完成一件事，弄得手忙腳亂，結果，事情不單止沒有提早完成，很多時還因為手忙腳亂而造成錯誤，以致延誤事情的完成。

對於急於名或急於利的人來說，情況也是一樣。

有人為了求名，不惜要弄各種手段，甚至嘩眾取寵，或踩低別人抬高自己，向朋友放冷箭、挑撥離間等等。

但這些手段是否有效呢？

很多人都不明白，在耍弄某些手段，表面看來似是成功的時候，背後卻隱藏着惡果，為熟知內情者所不齒，人緣漸失，終會自食其果。

至於急於利，那就更為危險！所謂利令智昏，已足以使不少人做些極為愚蠢的事，甚至鋌而走險。

我們可以想想，多少不法的事情，多少人的一失足成千古恨，不是為了急於名或急於利所致？

甚至販毒、行劫等的罪犯，豈盡是生活逼人所致？相反的，要求一朝富貴，急於取得生活優悠之「利」，相信才是促使他們犯罪的最大動力。

欲速則不達，多少人為了急於求名而為人所齒冷？多少人為急於求利而跌落法網？火星守命的人，雖然在惡劣的宮度不一定會鋌而走險，但它之被稱為煞星，又豈是無因！

興衰之事，有跡可尋

並非危言聳解，一個人的興衰，很多時是有所謂「氣數」管着，氣數旺的時候，破浪乘風，甚麼障礙都不怕；氣數弱的時候，一點小小的障礙，已足以使你人仰馬翻。

在多年前，有一位朋友，在期貨市場上小有所得，購得幾個住宅單位收租後，即洋洋自得，意氣風發，他曾在朋友面前說過這樣的話：「以我現時的財富與收入，是立於不敗之地，不會衰者矣！」

朋友曾把他的話告訴我，我當時的反應是，作為朋友，我們當然不希望他有衰的日子。但一個人之興衰，很多時與命運和性格有關，他的命運如何，我不知道，因為我沒有替他算過命，而他本人亦不信命運之事。但他那種過度自滿與自信的性格，卻是隱伏着危機的。

凡讀過中國歷史的人都知道，過去的封建皇朝，無論其當起之時勢力如何強盛，到頭來仍有沒落的一天。

以一個皇朝的財富與權勢，所謂「四海之內，莫非皇土；率土之濱，莫非皇臣」，任你是一個億萬富翁，當亦難與之比較。更何況在香港只有幾個住宅單位收租，如何可與之比擬？

顯赫一時的皇朝尚且有衰落的一天，那麼，只有幾個單位收租的人，如何可以保證他今後一定不會衰落？

所以，我常認為一個人多讀歷史，對世情會更明白，增加一定程度的警惕性，無疑是保護自己的一項很有力的武器。而過度自信與自滿，適足以把一切防衛都鬆懈下去，甚至危機到來仍不知道，到惡果形成之後，無論如何後悔，亦於事無補矣！那位認為「唔會衰」的朋友，在股市大瀉之中，一敗塗地，是命運使然？還是性格使然？大家不妨給予結論。

藉口與自圓其說

「藉口」與「自圓其說」，是不少人可以繼續把錯誤犯下去的理由，直至一錯再錯而至不能自拔境地。

從歷史中我們知道，每次外族入侵中原的時候，都有人甘作外族的走狗，甚至近如日本之侵略中國，在全國人民同仇敵愾之下，一樣有人甘作漢奸，為虎作倀，出賣自己的國家。難道這些人都是沒有良心的人？不懂得撫心自問，不知道自己正在做着傷天害理之事？

很明顯的，這些人都是太會找尋「藉口」與太懂得「自圓其說」，以致自己明明犯了彌天大錯而仍然好像是於心無愧似的！

如滿清入關與日本侵略中國時，都有漢奸，而這些漢奸又憑甚麼「藉口」和「自圓其說」去使自己「心安理得」呢？

從歷史的記載我們知道，當時的漢奸，所持的理由多是國家有難，如果自己不出來緩衝一下，生靈就更為塗炭。甚至汪精衛當時之組織親日本的偽政府，也是用這個理由。

在他們的心中，自己並不是漢奸，並不是出賣國家，相反的更肩負着拯萬民於水火的偉大使命。

甚至在遭受萬方指責或被捕正法之時，他們仍會說「千秋功罪，留與後人評」，好像當時眾人皆醉他獨醒的樣子。

這完全是因為他久用了自己的「藉口」與「自圓其說」，以致自己也相信了自己的做法是對的。

冷眼看這個世界，無論在甚麼地方，太多人善於為自己製造「藉口」和「自圓其說」的時候，這個地方就醞釀着孽障，「劫數」也就隨着而來了。這恍似翳悶的天氣，窒礙着正常的呼吸時，必有暴風雨來清洗這個大地。亦天理也！

鬼神不祐的事

早前在一個宴會上，與數位業術數者同席，席上不免談及術數的一些問題和故事，其中一位朋友談及的故事頗堪一誌。

話說有數名匪徒，企圖打劫某機構，在行事前竟然到街上某盲公攤檔處占卦。當然他們沒有言明是打劫，只說第一希望知道這次行事是否安全，第二還請盲公替他們選一個良辰吉日，希望行事後不致惹上官非，也就是說不致被捕落網。

盲公不知他們葫蘆裏賣甚麼藥，只有照占，並對他們說此次計劃的執行，可獲安全，並且為他們選了一個好日子。

結果四名匪徒依計行事，卻全部法網難逃，一一被捕。

是盲公的占卦不靈嗎？還是盲公知道了結果而不對他們說真話？

席上一位朋友所作的解釋，相當合理。

他說占卦這種東西，既是一種靠靈感和觸機的術數，也可說是一種問鬼神、和鬼神溝通的方法。

風水尚且說唯有德者能享之，那麼作一些犯法的事而去求鬼神庇祐，實在是太豈有此理，除鬼神不祐之外，尚可能干天怒呢！

所以，當晚席上的結論是，高手的盲公可能從卦中知道那些人圖謀不軌，自然不會協助他們，而且縱使想協助亦應無能為力，明白到冥冥中必有一種力量破壞他們的計劃。

第二由於鬼神不祐，所占得的卦，連盲公也被誤導了。

至於實情如何，也只有占卦的盲公才知道。

自滿與報應

曾與幾位朋友閒談，談到一個人不可自滿的問題，其中一位朋友說，自滿除了阻礙一個人的進步外，說自滿的話也是不妙的。

這話從何說起呢？他說，他的牙齒一直是最好的。有一次與朋友聚會，聽到朋友說看牙醫的痛苦，他便自詡自己的牙齒最好，五十餘歲人，可以二十餘年未看過牙醫。不料在他說過這番話後，翌日就不小心碰崩了一顆門齒，終於要去看牙醫，亦云妙矣！

而我自己也有過這樣的經驗，多年前，在一次很多朋友的聚會中，由於是由我召集的，公司有一位同事便大讚我人緣好。記得自己當時只是輕描淡寫的說：「我在這個圈中混了二十餘年，還好到現在還沒有仇家。」其實這也是多少屬於自滿的說話，就在說了這話之後不久，在我撰寫《紫微閒話》之時，就遭到抨擊，指我牽強附會，很有「大逆不道」意思。

這番結怨，無論如何是自己始料不及的。

記得小時候，父母長輩常教我們不要說自滿的說話，說會有甚麼報應等，當時只認為他們是迷信和太嚕嗦。

到自己嚐到說自滿的話的苦果時，細意分析，深深明白因為自滿，而少了防備之心，不少禍患也因此而起。

而老一輩的人，人生經驗比我們豐富，當然也會明白這個道理。但為了加強警戒的效果，他們便說這是報應！

陷阱與江湖殘局

喜歡下象棋的人，大概都知道有一種所謂「江湖殘局」，表面看來十分簡單，而且是先走子者勝，以引人入彀。這類「江湖殘局」常見於一些街頭棋檔，而檔主就賴以謀生。

棋藝一般水準的人，都極難拆通這些殘局，三兩着之後自然吃虧淨盡。

由「江湖殘局」使我想起人生很多事情也是如此，表面看來必勝和極有把握，只是到頭來「柳暗花明又一村」，情況大異。

「江湖殘局」是事先經過縝密的佈置，普通人是極難在短時間內把它想通的。不過，如果你肯去細心思索，深明世上沒有這麼便宜的東西，多想幾步，也會發現原來機關重重，只是個性魯莽的人便特別容易中計。

翻開某些報章，多少招聘少女的廣告，說明毋須學歷，也不必有甚麼經驗，月入居然可以達二萬餘元。

面對着這些廣告，先細想一下現時一般人的收入，你就會多少也有懷疑之心。有了懷疑之心自然便會提高警惕，踏中陷阱的機會也就減少了。

但「江湖殘局」不斷有人中計，而上述的招聘廣告亦能長期出現，說明了這世界上還是魯莽的人多，謹慎機警的人少。

不必懂命理，也不必懂斗數，閱歷較多的人都知道這世上到處都有陷阱，而每次能避過陷阱和化險為夷者，都屬疑心和警惕心較強的人。個性足以影響命運，於此可證。

踏中陷阱而至萬劫不復者，當然有理由埋怨命運之多舛。而實在把他推入陷阱和為虎作倀者，還是魯莽和輕易信人的個性。

人性弱點

夜來看《英耀賦》，令人絕倒，十分佩服作者對人性弱點了解之深！

《英耀賦》是一篇專為江湖術士及不懂術數的人而作的賦文，教他們替人看相，如何去捉心理。雖然其中不少已失去了時代價值，但有些仍確有道理的。

文中有一絕招，稱為「隆」，是給對方戴高帽的意思，這是江湖術士慣用的伎倆，先把對方大讚一番，套他說話。

不少人說喜歡別人直接批評，以便知所因循。但到底「千穿萬穿，馬屁不吹」，然後《英耀賦》才有「人人後運好，個個子孫賢」的一着，也就是說替人看相，一定要盛讚人家說：「晚境甚佳，子孫賢孝」，那麼來看相者就會欣然的留下相金而去。

其中捉心理的，有些確實十分有趣，如「老人問子，雖多亦寡，憂愁可斷。少年問子，雖有亦女……寡婦詢去留，定思重配，老媼多嘆息，受屈難言……反覆查問童兒，前兒難養，老人查問壽算，仍在病中……十六七歲之少女問男，春情已動……」

全篇《英耀賦》，主旨在教人如何去捉心理，並無實際教人甚麼真實的功夫。我們讀來，雖然嘻哈絕倒，但這書卻是不少江湖術士奉為圭臬。作者對人性的弱點可說十分的了解和善於揣摩人的心理。

其中有些已失去時代價值的，如「早娶妻之人，父業可卜；遲立室者，祖業凋零」。現在的人，大多遲婚，固未可因而肯定他祖業凋零也。

因人性有弱點，然後有《英耀賦》。不少真正研究術數的人，對《英耀賦》不屑一顧。但我覺得，知道一下江湖術士如何作怪，也是好的！

職業命相家的難題

在紫微斗數的古書中，有一首《太微賦》十分著名，流傳亦很廣，其中有一句是「廉貞七殺同位，路上埋屍」。喜鑽研紫微斗數的人，一定聽過這兩句話。那是說遠行必有災險。

廉貞七殺如果同宮，一定是在丑宮或未宮。那麼有這種星盤的人，豈不是凡丑年或未年都不能遠行？

事實卻非如此，廉貞七殺如果同宮，不管是在本宮還是在遷移宮，廉貞星如果化忌的話，那才要小心遠行。

至於是否有生命危險，更須兼看田宅宮是否有凶星會照。這是十分重要的一環，如果田宅宮吉的話，遠行雖會遇事，但可能有驚無險，並可以控制着不去遠行。

田宅宮是很多看斗數的人疏忽了的一個宮度，以為這個宮只看一個人出生的家世如何、有否祖業和將來能否置業等，而不知道這個宮還可代表某年家人的心境的。而且，田宅宮有不吉的現象的話，很多時是避無可避的，至於為甚麼會這樣，我也不明白，但實際情形就是如此。

據我所知，儘管你是斗數高手，口才亦佳，遇到有人廉貞星化忌與七殺星同在遷移宮或本宮，田宅宮再遇上如天同星雙化忌的話，那就不知怎樣說才好了。因為已到了必然發生，無法控制的境地了。

把真相說出來，可以把人嚇死，算命的人也要積點德吧！所以絕對不能直接的說出來，轉彎抹角的叫他不要遠行吧，事實在這種情況下，儘管你勸他不要遠行，但他不單止會忘記你的勸告，而且會在神差鬼遣之下去遠行，而且愈去愈遠的。所謂「命不可逃」，就每在這種情況下出現，令人慨嘆！而很多人雖精於術數，卻怕作職業的命相家，其理亦在此。

人必自侮然後人侮之

以前，在自己未懂術數的時候，很喜歡看相算命，到自己鑽研了術數之後，偶然有空，仍喜歡去光顧一些職業手，目的在看一下江湖上普遍的水平如何。很多時遇到高手，事後我還會透露自己的真正姓名，由此而交上了朋友的也有多位。

但多年前，卻發生了一件使我頗為不快的事。

那天，我與太太及孩子路過某商場，見有一算命的檔口，掛有很多的宣傳資料，不期然駐足而觀。

不久，檔主走出來，是一位中年人，大力的游説我看相，先説給我一個六折優待，然後不待我是否答應，就侃侃而談的替我論起相來。

初時，我不知他功力如何，雖然只是站在他的檔口前，倒也留心的細聽。到後來見他所説一無是處，盡是江湖口吻，便客氣的對他説：「我現在沒空，有事情趕着要辦，待有機會再來請教你吧！」

這是婉拒他而且給足他面子的了。說完我便拖着孩子與太太離去。就在我們轉身要離去之時，就聽到那個檔主出言不遜的詛咒起我們來，說甚麼「正式是有福唔識享」之類，意思是要我幫趁他看相後，我才識享福。

這種人我難道還與他計較！只是覺得，一個人就算賣卜街頭，也應有本身的風度，有本身的自尊。

人必自侮然後人侮之，一點不錯。

希望在江湖上，如上述那名職業手者，只是絕無僅有，我是不幸偶然碰着而已！

第四章 科學哲理

「緣」的科學解釋

多年前張君默兄在他的專欄上論及人與人間投緣的問題，為甚麼某些人與某些人特別投緣？與某些人又特別無緣？

所謂「酒逢知己千杯少，話不投機半句多」，在我們日常生活中是常見的事，有些人其實並沒有開罪你，但你就總與他格格不入，一如時下青年流行的口頭禪「唔啱KEY」也。

據張君默假設的解釋，是每一個人都有一個頻率，頻率相合時就投緣，正如男女之「心有靈犀」那樣。頻率相距太遠，就可能起排斥的作用，是為無緣，要達到「心靈互通」，自然十分困難了！

他還引用一些動物雄性吸引雌性的例子，說來頭頭是道，很有邏輯。

張君默兄對科技新知有很濃厚的興趣，在這方面有很豐富的常識，所以他的假設，並非是憑空揑造的。

從此事使我想起，風水學上有所謂「命主八卦」，是根據人的出生年份訂他是屬於哪一「卦」的，哪一「卦」的人跟哪一「卦」的人特別投緣，算來靈驗程度甚高。

從「命主八卦」來看，人與人之間的投緣，與出生年份甚有關係，莫非古人已經懂得出生的年份不同，頻率有異，因而設計出這個「命主八卦」來？如乾宮命的人與坤宮命、坎宮命，巽宮命的人都合得來，但與離宮命的人緣份就較薄等。是如張君默所說的頻率異同之問題乎？

很多人把術數看作迷信，但願「迷信」與「科學」這兩項極端的東西，一旦原來可以溝通時，使大家訝異於中國古人的智慧。

風水與生物磁學

我常説，中國的風水學，在中國各門術數中，將會最早得到科學的鑒證。如果你鑽研過中國的風水學（玄空學），我相信你必定相信我的説話。特別是你讀完以下的一段報道之後，你必會有更肯定的結論。

經科學家的研究，如蜜蜂、候鳥、信鴿等各種生物，都是依靠體內的磁場與外間磁場的感應，作為導航。因此飛經強力的無線電發射站或雷達站等地方，磁場感應受到擾亂，牠們就會暫時性的失去導航能力。

而人體同樣是有磁場的，據研究報告説，住近高壓電線等有強力磁場附近的居民，若長時期受到強力電磁場的影響，便會引致血液和神經系統發生變化，產生某種慢性疾病。

而研究生物與磁場關係的學問，目前正方興未艾，而且知道了不同的磁場，對生物的細胞、組織、器官、神經，以至遺傳都有一定的影響。這門學問稱之為「生物磁學」。

對中國風水學（玄空學）稍有研究的人，都知道玄空學的九宮飛星，不啻是磁力線之變動，也就是說中國的玄空學其實是相等於地磁學。

而中國風水學對疾病批斷能有一定的準繩度，和在解拆方面有一定的徵驗性，都不能說是與地磁學完全無關的。

所以，我極之相信，目前有不少疾病，不知道其來源的，將來必定大有可能在地磁學和生物磁學方面找到致病的原因。到再發現原來它的推論，與中國的風水學數據吻合時，大家必定會訝異中國古人的智慧！而這項發現，除了轟動世界外，亦將是對人類極具貢獻的一項發現。

磁療與風水

某年讀報，見有一則題為〈睡眠與方向性〉的報道，指出天然磁性物質與人的健康是有關係的，而且出現了一個新名詞叫「磁療」。

該文說：「因為人類生活在地球上，無時無刻不受到地磁的影響，地磁強度雖然只有零點五高斯，但如果長期有意識地使人體順着地磁的南北方向，地磁場可使人體器官細胞有次序化，產生生物磁化反應，生物電流增加，於是器官機能得到調整，起到一定治療作用。」

該項報道着重的指出睡眠的方向性並非天方夜譚，有一定的科學道理。

至於「磁療」，該文更提出了一項證據，說在一九七六年唐山大地震時，震波央及北京，當時一位科學工作者突感天搖地動，下意識地鑽到桌下躲避，天亮後，他突然發現病痛了幾個月的韃囊腫奇蹟地痊癒了。後來經過分析，認為他此病之得到痊癒，是與他在地震時受變化的地磁影響有關。

讀完該篇文章後，使我再一次的感到，中國的風水學，不久則可與針灸那樣，得到科學上的證據。

過去，我親身目睹過不少例證，其中大部份在我所著的《術數述異》中都有提及，當時我還不知道有「磁療」這個名詞。

但讀完上述的報道，使到覺得風水學之十分着重安牀的方位，甚至有人有某種疾病，經名家指點，改變牀位之後，其疾病便也獲得治癒，這還不是與前文所述的「磁療」有關？

我常認為，我們中國文化深厚，有許多被人目為神秘之事，其實早已有人明白其原因，只是在封建和資訊並不發達的時代，許多東西不免罩上了一層神秘之紗而已！

煞星衝擊，禍福相倚

多年前與李英豪兄在利園酒店談天，聽他說了一番養花的道理，確使人茅塞頓開，原來養花是一門很大的學問。他在這方面極有心得，除了對花的生態極為了解之外，而且對很多的現象，解釋得條理分明，既有科舉根據亦有哲理，使我這個門外漢，也感到十分有趣。

使我印象深刻的是他說：「木瓜樹如果生長茂盛，但不開花不結果，那麼，有甚麼辦法使它開花結果呢？」

我這個門外漢當然不知道答案。

結果他說：「只要在木瓜樹近頂之處，比例為約全樹長度四分之一的地方，釘下兩口鐵釘，那麼，包保木瓜樹立即開花結果。」

夠神奇了吧！

他接着用科學的理論來解釋，鐵釘如何破壞了木瓜的梢管，使養分不致回輸到根部，使它有足夠的養分開花結果等，我聽得一知半解，也覺有趣。

但精彩的是他說：「木瓜樹是生物，在遭到外物侵入時，覺得有生命的危險，就加速了它的傳宗接代的意念，所以急不及待的開花結果，也是原因之一。」

他這番話，使我禁不住的獨自在凝想，在紫微斗數中也有同樣的道理。

天同星是福星，天同星在某個宮度守命的人，一般多是喜歡閒適和耽於逸樂的生活，鬥志自然欠缺。

而我在《紫微閒話》中也說過，這種人偶然遇到煞星的衝擊，對他會有一定的好處，那就是把他從安樂窩中叫出來。

煞星的衝擊，在人生過程中或許是苦事，但鬥志卻由此磨礪出來，「賤日豈殊眾，貴來方悟稀」，到繁花如錦，果實纍纍，自是另一番的景象！

以數據定吉凶之學

曾聽人說，基督徒或天主教徒，均不應信中國的風水學。

他們視風水學為另一種宗教或屬於佛教的東西，在「無他神」的教義下，就認為身為基督徒或天主教徒者，絕不應相信風水之學，更不應請人看風水。

如果理由果是如此的話，那麼他們可說還沒有真正的認識到中國的風水學到底是甚麼東西，也可說是犯了認識不足的錯誤。

我常認為風水學將是最早獲得科學證據的，以中國的玄空學來說，既與鬼神無關亦無教人去拜神。因為風水學純為一種環境學，現更有人認為那是生物磁學。

一般來說，真正的風水名師，在替人相宅時，如果人家是不拜神的話，則絕對不會教人安置神位的。

我自己是篤信風水之學的，也鑽研了風水學多年，但我家中也沒有安置神位，這我在《紫微閒話》中也寫過，來過我家的朋友都可以作證明。

在我自己的經驗中，風水學對一個人的健康，有相當大的徵驗性。而其中很多時見到健康不佳者，是因為安錯睡牀或安錯灶位所致。

假如某人因安錯牀而致病，經風水先生指導，把睡牀改安別個位置，結果如何暫且不論，但我就看不出有甚麼有違教義的地方。

又如某人的灶位不妥，風水先生指導他把灶移到另個位置，不管他是信奉甚麼教派的，我也看不到甚麼地方與他們的教派有所衝突。

我並不是鼓勵基督徒或天主教徒相信風水，只是想表明風水之學，其實是與鬼神無關的，它純粹是一門根據數據來定吉凶之學。

術數系統化

本港已故風水名家張樂天先生，多年前曾成立了「樂天宅運社」，並在九龍運通泰酒樓設宴慶祝，席上除了張樂天先生的弟子外，更有多位風水名家及卦理名家陳偉明先生等。

陳偉明先生十分諧趣，妙語如珠，舉座如沐春風。

紫微楊那天叨陪末席，出席者都是對術數十分有興趣者。

其中有一位尹先生原為一位商人，但卻是術數的發燒友，對風水亦有研究，與陳偉明先生甚為相得，兩人經常互相抬槓，以捉弄對方為樂事。

那天席間尹先生出示我三張過了膠的硬卡片，原來他把風水九宮飛星的廿四山飛星列成表格，縮小如名片的大小，袋在身上方便查閱。而最妙的是還有每日飛星入中的計算法，如十二月廿二至六月廿日如何計算法，到六月廿一日至十二月廿一日又如何計算法。用代數的方式來表現，如前者的公式是R＝日入中，那麼R＝（X+DATE÷9），後者則是10-（R＝X+DATE÷9），而X的基數又列成表格。

我把玩良久，覺得十分有趣。因為一般人無論對飛星如何熟悉，但說到某天某數入中宮時，也未必記得着，亦有人為此而去查台灣出版的通勝。

尹先生見我十分喜歡，便很大方的說：「紫微楊，這幾張卡片送給你吧！我自己可以再製。」我連聲道謝後並說：「確實很科學化。」

中國術數之能日漸形成系統，就全憑歷代熱中此道的人孜孜不倦的研究，如尹先生者，亦可謂有心人矣。

掌相的徵驗

曾與幾位朋友聊天，談起了掌相，有朋友問我，掌相是否有一定的徵驗性和我認為它的準繩度如何？

以我個人的經驗和見解，掌相對於近期發生的事會較準，對太遠未來的事，徵驗性會較低，至於原因在哪裏，當然並非三言兩語可以解釋的。

但掌相卻有其科學的一面，舉例來說，一個人的手掌，如果在近手腕之處的掌紋，有呈現混亂一團，如小星形狀者，則此人必定經過開刀的手術。又或者經過大手術者，在大拇指的骨節處，可摸出有小米粒似的骨粒凸出，這是十分準繩者。

我很多時以之配合來看紫微斗數，如果斗數的疾病宮有落陷的擎羊星和天刑星的話，那確實是百發百中的。

一位業外科醫生的朋友聽了我說這番話，他也認為不無道理。他說一個人經過某種手術後，身體的某個部位，極可能會有一些副作用式的反應。其中有些情況他們不少同業也是知道的，只是沒有留意到掌紋與大拇指的骨節會有這些輕微的變化。

再而談到氣色，我説一個人近期如果有不如意的事，氣色會表現出來。當然如果是氣枯神滯的話，那是大大的不妙，更容易看出來了。

而另一位業醫的朋友也認為在醫學上也有道理，因為一個人在失意之時，最低限度睡眠也較不穩，心中有結，亦極可能影響內分泌，從而使一個人的氣色出現某一種現象。有似暴風雨來臨之前，氣壓特低。

這次相聚閒談的朋友，都是高級知識分子，他們認為知識之海，如天際之無垠，所以論事十分客觀。

相反的，不少人，一聽見「掌相」就斥之為迷信，我實在無言以對！

壽與夭之謎

據較早時候一項來自丹麥方面的報道，說丹麥方面曾經進行過研究和調查，發現一個人的壽與夭或生存到一個正常的歲數，與他們後天的生活關係不大，是夭折還是能生存到正常歲數或達致長壽，是決定於遺傳基因者。

對研究術數者來說，相信多數人不明白遺傳基因是甚麼。但他們大多知道，一個人的壽元長短，與他的四柱八字或星盤甚有關係。

以紫微斗數來說，如天梁星或天同星在廟宮守命不遇煞曜者，多主壽。

以四柱八字來說，亦有曲直仁壽格是主壽的，是說甲乙日干生人，地支亥卯未或寅卯辰齊，無半點庚辛之氣存在者。

研究術數者更多相信，一個人是甚麼星盤或得到甚麼樣的四柱八字，是與他的家山風水十分有關係者，是說先風水後八字，也就是說先有甚麼樣的風水，然後會出甚麼樣的人物。

不相信這套理論的人自然說它是迷信，甚至說它荒謬無稽。但指斥這些是迷信或荒謬無稽的人，可曾作過甚麼實驗或研究！憑空的責難已是欠缺了科學精神。

至於說風水是否關係及遺傳，又或者風水就是決定遺傳基因的因素之一，我們不是科學家，當然無法知道。但我們對不知道或不明白的事物多加存疑，在科學態度上已遠勝於一些隨便指斥他人迷信的人，因為最低限度，這才說得上負責。

有病看風水是否可笑？

某夜與內子赴太湖酒家宵夜，抵埗時適遇才女梁玳寧準備離去，由於我們久沒有見面，梁玳寧便留下來陪我們夫婦倆宵夜，天南地北的閒聊一番。

梁玳寧是一位十分相信風水、命理等的新潮人物，特別是對風水為然。

那天晚上我們談話的話題，自然也是離不開風水命理等。

據梁玳寧說，她之相信風水與命理等，是因為親自目睹過和經歷過不少的個案，使人十分難於解釋，如果說是湊巧，那有如此湊巧之理？

她話說來很好笑，她有幾位朋友，也是十分相信風水學的力量呢，都認定風水對一個人的健康與疾病具有一定的影響。所以在他們自己有病或家裏的人有病時，很多時除了看醫生外，還會邀請相熟的風水先生到家裏勘測一番，看看有甚麼不妥和附近環境有些甚麼改變，以看是否在風水上應作相應的改善。而結果，每次經風水先生指

點後，藥石都似乎特別有靈似的

對於不知道風水為何物的人，聽來會覺得實在迷信和可笑。

但對風水學有認識的人，則並不覺得他們的舉動可笑，而且是相當理智的。因為他們並不是單純的相信風水學的力量就不去看病，他們是一面看醫生，一面借助風水的力量，是希望兩者相輔相成，能加強藥石的效果，以求早日痊癒。

這是絕對無害而且有益的舉動，因為不管你是否相信風水果有這種力量，但你總得承認，它對病人來說，起碼起了一點心理上的治療作用，加強與疾病對抗的內在意志。

至於我個人的意見，我當然認為風水的力量並不止於此。

心意相連畫裏真真

曾與幾位朋友晚飯，其中一位精於畫藝的朋友，不知怎的說起他的繪畫心得，使我聯想起學紫微斗數也有相似的情況，可見有時天下的道理，許多是異途同歸的。

這位對繪畫甚有研究的朋友，他說繪畫之時，心與筆連在一起是十分重要的，他還舉例說，譬如你畫花瓣吧，你心中就要有花瓣甚輕盈的感覺，心意與筆意相連，那麼畫出來的花瓣才會有生命，否則最多是形似而已。

又如畫石頭，你心中就要有石頭甚重的感覺，那麼畫出來的石頭，才有石頭的質感。否則縱使你的繪畫技法甚好，同樣是形似而已。

我自己對繪畫是外行，但對上述的一番說話卻頗有感受。

不少人學「紫微斗數」，認為「紫微斗數」的星曜只不過是虛星，從而對星曜性質方面的投入，就打了一個很大的折扣。這是我認為十分遺憾的事。

他們對着任何的星曜的名字，都認為不外是符號一個而已，這樣子去學斗數，我一直認為是不對的。

最低限度，我們對着「太陰」時，心中就有太陰的一切特性，對着「太陽」時，又要感到太陽的特性，我常認為這樣學斗數，對斗數的星曜性質才夠投入。

打開一個星盤來看時，就真的有如看天上繁星，心意相通，如繪畫那樣，然後，你的斗數才會有機會進入更高的境界。

世上許多事情，你以為是幻覺，但幻覺中又另有天地，虛虛實實，信焉！

密碼的世界

生命的「遺傳密碼」，確是十分神奇的事。

美麗的雀鳥，代代的相傳下去，都能長出同一姿色的美麗的羽毛。

蒼翠的樹木，憑一顆種子的再生，又可長出同樣蒼翠、同樣姿態的樹木。

所有的動物，他們的下一代都有上一代的特色和特性。而人是動物之一種，固然亦不例外。

現代的生物學家，都知道上述的情況完全是有「遺傳密碼」在控制着。

而這個「遺傳密碼」相信會是十分複雜的密碼，最低限度這世界有千萬種生物，也就是說起碼有千萬種不同的「遺傳密碼」，控制着各種生物的傳宗接代，使他們永遠留在這個世上，不致滅絕。

人是萬物之靈，當然極為聰明，知道有了「遺傳密碼」的存在，但卻無法知道是誰定出這個密碼，和這些密碼如何形成，如何如此縝密，而使生物千萬年的延續下去。

再深一層的推想下去，宇宙的形成，也似有一個密碼，並非只有生物界才有這個現象，銀河中有無數的太陽系，是否也是這樣形成，卻實在是一個謎！近期對「鐵板神數」的一些知識，不斷在冥想，使我想及前面的事，也愈想愈遠。紫微斗數以命宮納音來定一個人的起運時間，是三歲起運還是六歲起運，都有一定的規律。所以，我不斷在想，古人是否知道了人生密碼的規律之一，如對日月盈虧的知識那樣，知道了他的規律演變，但就是不知道他如何形成。我敢信，這個謎永遠無法揭破，到揭破之時又可能是世界末日，是另一個世界重生之時，一切又從渾渾噩噩的重新開始，再來一個新的密碼世界！

礎潤而雨，月暈而風

許多對中國術數有懷疑的人，都不免會問，一個人的命運興衰，真的可算出來嗎？一個人的命運，是否真的有跡可尋？

相信術數和對術數有研究的人，自然認為這是絕對可能的事，也不必你去作任何解釋。但對於完全不懂術數的人，我們不妨作這樣的舉例。

如果你對植物學十分有認識，或者是一位經驗老到的農夫，在任何一棵樹的面前，只憑着樹葉的形狀，你就可以知道它是甚麼樹。

在大家對植物完全沒有認識的時候，假如有一位農夫對你說，這棵樹在夏天時就會開花結果，而且果實很甜。

到夏天的時候，這棵樹果然開花結果了，果實真的很甜，你是否覺得這位農夫有先知的本領，或者感到有點神秘。

紫微新語

當然，如果大家對植物都有認識，自然一點神秘也沒有，農夫只不過憑它的樹葉，知道它是荔枝樹，而荔枝就是在夏天開花結果的。

在大自然中，也有不少類似這樣的現象，如古時中國人，憑經驗的說「礎潤而雨，月暈而風」。

大家對大自然認識得不夠時，同樣會覺得很神秘，為甚麼月亮起暈就快將有風？石頭顯得潮濕就快將有雨？

世界上不少的事物，都有跡可尋，問題是大家是否知道其方法而已！

中國的術數，就不啻是一種奇門的方法，足以尋求人事的興衰。

只是，它神秘之幕垂下了千百年，至今仍未為人揭開而已！

力挽狂瀾談何容易

某年股市暴跌，一日之間下跌千餘點，不少人一夜白頭，損失慘重。

在該次股市風潮中，聽到不少的附會傳聞。

有人説每當賣菜阿婆、隔壁大嬸都大談股經和買股票的時候，股市就到了極危險的邊緣，該次毫不例外，一瀉千里。

又有人説大閘蟹登場，果然就有不少人成為「大閘蟹」。

更有人説每當女人衣服流行極短，如迷你裙等流行之時，就是股市要下跌的時候。

大閘蟹與迷你裙當然都是附會之談，但前者是有道理的，是説明股市已進入瘋狂的時候。

但不論如何，每次股市之暴跌，我們應可清楚的看到，在大勢所趨、兵敗如山倒的時候，要以人力去力挽狂瀾，實在談何容易。

那年股市在第一天下跌四百餘點之時，聯合交易所馬上宣佈停市四天，目的在希望取得緩衝的作用，緩和跌勢。不料經過週後復市，不但無法扭轉劣勢，同時更再下挫千餘點。至此，有關方面更着急了，政府與中資合力救市，再配合減息，但股市仍疲弱不堪。手上持有二三線股者，都有不知何日可見家鄉之嘆。有人按了屋去買股票者，更慘不堪言。

從那次事件中，股民應該汲取一個教訓，「數不可極」，永遠是真理。任何東西，都無永遠上升的道理。到得大勢逆轉之時，卻已非人力所能改變，看那次各方面之努力救市，所得結果不外如是，已是明證！

天道之盈虛有數，豈盡是玄學之道理而已？

怨懟與評價

《易經》雖說是一本卜筮之書，但卻存在着很多放諸四海而皆準的哲理，歷代以來研究它的人極多，同樣的紫微斗數雖說是一種占命之術，但它同樣存在着非常合乎邏輯的哲理。

只是《易經》的哲理，懂得的人較多，而紫微斗數的哲理，認識的人就較少，其中的關鍵，可能是由於紫微斗數到近年才為人重視。

有關紫微斗數的哲理，我在《紫微閒話》中談過不少，雖然曾遭受到某方人士的抨擊，但也獲得不少讀者的愛護。

在某次股市的風潮中，除了使我想起盈虛有數的道理外，更使我想起紫微斗數的「太陽」。

「太陽」是太陽系的主宰，光照大地，生化萬物，具有領導性的地位，但卻是常為人怨恨的一個星曜。

看每次的股市風潮中，多少人不眠不休，努力去救市，希望能力挽狂瀾，但得到的是甚麼？還不是換來不少人的怨懟！

通常，在每一次的風潮中，必然有人從中得到好處，亦必然有人遭受到極大的虧損。只是，既得利益者每多沉默，而遭受損失者則多所指斥，這已經足以造成偏頗的評價。更何況，其中還會有好出風頭之人物參與批評，推波助瀾，所以很多時的眾口一詞，卻未必是準確的定論。

明乎此，如果你希望有一天你的地位有如「太陽」或近似「太陽」，那麼你就必須知道有「吃力不討好」這回事，和能夠面對不少無理的怨懟！

雖然，對或錯，歷史自有定評。但一時間的精神負擔與心理困擾，卻不是每個人都可以輕鬆應付過去的。

汗顏之事

中國濟南曾舉行一個國際性的《易經》研討會，會上透露了外國人研究中國的《易經》，得到了極大的成就，使到中國人大吃一驚之外，還深深感到慚愧。因為《易經》本身是中國的東西，中國人反而沒有好好的去研究它，相反的只把它看作是一部卜筮之書，那是何等的可惜。

據會上透露，藉着電腦與八卦之關係，可推算出太陽系中十顆行星規律；而蘇聯方面，科學家更憑《易經》解決了體內兩種對立的調節系統；而美國方面，竟把《易經》原理運用於核戰略……

好了，就看上述外國人的幾點成就，身為中國人而過去曾指斥《易經》為迷信的東西者，能不汗顏，能不內疚？

我對《易經》與玄空學（風水），都花了不少時間去研究，我不單止覺得《易經》

是中國的寶藏，同時更強烈的感到玄空學若能加以發揚光大，對人類生活會是一項極大的造福。

若說《易經》是中國的寶藏，那是一項屬於理論性的寶藏。而玄空學同樣是一項中國的寶藏，但卻是一項實用性的寶藏。

我常說，玄空學會是最早找到科學根據的一種玄學，好像針灸學那樣，但就肯定會比針灸學更大。

只是，放眼今日社會中，真正懂得玄空學的人有多少，而濫竽充數者又何其多，而玄空學一直披着迷信的外衣，多少都是這些人做成的。

玄空學甚麼時候才會被人除去迷信的外衣和科學化的去研究它，我不知道。但這樣的一天必會來臨，我已可以肯定的，只是不知道是否仍由外國人先去研究而已！